传习录

[明] 王守仁 撰

知是行之始，
行是知之成。

苏州新闻出版集团
古吴轩出版社

图书在版编目（CIP）数据

传习录 / （明）王守仁撰. -- 苏州 ：古吴轩出版社，2023.12

ISBN 978-7-5546-2243-8

Ⅰ. ①传… Ⅱ. ①王… Ⅲ. ①心学－中国－明代 Ⅳ. ①B248.2

中国国家版本馆CIP数据核字（2023）第237419号

责任编辑：顾　熙
策　　划：村　上　牛宏岩
装帧设计：侯茗轩

书　　名：传习录
撰　　者：[明]王守仁
出版发行：苏州新闻出版集团
古吴轩出版社
地址：苏州市八达街118号苏州新闻大厦30F
电话：0512-65233679　　　　邮编：215123
出 版 人：王乐飞
印　　刷：天宇万达印刷有限公司
开　　本：880mm × 1230mm　　1/32
印　　张：7.5
字　　数：181千字
版　　次：2023年12月第1版
印　　次：2023年12月第1次印刷
书　　号：ISBN 978-7-5546-2243-8
定　　价：45.00元

序

门人有私录阳明先生之言者，先生闻之，谓之曰：“圣贤教人，如医用药，皆因病立方，酌其虚实、温凉、阴阳、内外而时时加减之，要在去病，初无定说，若拘执一方，鲜不杀人矣。今某与诸君，不过各就偏蔽箴切砥砺[①]，但能改化，即吾言已为赘疣[②]。若遂守为成训，他日误己误人，某之罪过可复追赎乎？”爱[③]既备录先生之教，同门之友有以是相规者，爱因谓之曰：“如子之言，即又拘执一方，复失先生之意矣。孔子谓子贡[④]尝曰‘予欲无言[⑤]’，他日则曰‘吾与回言终日[⑥]’，又何言之不一邪？盖子贡专求圣人于言语之间，故孔子以无言警之，使之实体诸心以求自得；颜子于孔子之言默识心通，无不在己，故与

---

① 偏蔽箴（zhēn）切砥砺（dǐ lì）：对偏颇蔽塞之处略加规谏、磨砺。箴，劝告，规诫。砥砺，磨砺。

② 赘疣（yóu）：比喻多余无用的事物。

③ 爱：徐爱（1487—1517），字曰仁，号横山，浙江余姚人。明学者。正德三年（1508）进士。王阳明弟子。

④ 子贡（前520—前456）：春秋末卫国人。端木氏，名赐。孔子学生。才思敏捷，善于辞令。

⑤ 予欲无言：语出《论语·阳货篇》。

⑥ 吾与回言终日：语出《论语·为政篇》。

之言终日，若决[1]江河而之海也。故孔子于子贡之无言不为少，于颜子之终日言不为多，各当其可而已。今备录先生之语，固非先生之所欲，使吾侪[2]常在先生之门，亦何事于此？惟或有时而去侧，同门之友又皆离群索居[3]，当是之时，仪刑既远而规切无闻。如爱之驽劣[4]，非得先生之言时时对越[5]警发之，其不摧堕靡废者，几希矣。吾侪于先生之言，苟徒入耳出口，不体诸身，则爱之录此，实先生之罪人矣。使能得之言意之表而诚诸践履之实，则斯录也，固先生终日言之之心也，可少乎哉！”录成，因复识此于首篇以告同志。

门人徐爱序。

---

① 决：开通水道，导引水流。

② 吾侪（chái）：我辈，我们这班人。侪，辈，类。

③ 离群索居：离开同伴而孤独地生活。

④ 驽劣：形容才能低劣。

⑤ 对越：对答称扬，此处意为教导。

上 卷

中 卷

下卷

上卷

徐爱录

先生于《大学》“格物”诸说，悉以旧本为正，盖先儒所谓“误本[①]”者也。爱始闻而骇[②]，既而疑，已而殚精竭思[③]、参互错纵[④]以质[⑤]于先生，然后知先生之说若水之寒，若火之热，断断乎“百世以俟圣人而不惑[⑥]”者也。先生明睿天授，然和乐坦易，不事边幅[⑦]。人见其少时豪迈不羁，又尝泛滥于词章，出入二氏之学，骤闻是说，皆目以为立异好奇，漫不省究。不知先生居夷三载[⑧]，处困养静，精一[⑨]之功固已超入圣域，粹然大中至正之归矣。爱朝夕炙[⑩]门下，但见先生之道，即之若易，而仰之愈高；见之若粗，而探之愈精；就之若近，而造之愈益无穷。十

---

① 误本：此所谓《大学》旧本，指《礼记》第四十二篇。朱熹将《大学》加以改易、补正与注解，题为《大学章句》，分为经一章、传十章。朱熹等以为“旧本颇有错简”，故称其为“误本”。

② 骇（hài）：受惊。

③ 殚精竭思：形容用尽精力、费尽心思。

④ 参互错纵：互相比照，错综往复。

⑤ 质：询问。

⑥ 百世以俟圣人而不惑：语出《中庸》。

⑦ 边幅：本指布帛的边缘，借指人的仪表、衣着。

⑧ 居夷三载：指王阳明贬谪贵州龙场事。

⑨ 精一：“惟精惟一”，语出《尚书·大禹谟》。

⑩ 炙：比喻受熏陶。

余年来，竟未能窥其藩篱[①]。世之君子，或与先生仅交一面，或犹未闻其謦咳[②]，或先怀忽易愤激之心，而遽[③]欲于立谈之间、传闻之说臆断[④]悬度[⑤]，如之何其可得也？从游之士，闻先生之教，往往得一而遗二，见其牝牡[⑥]骊[⑦]黄而弃其所谓千里者。故爱备录平日之所闻，私以示夫同志，相与考而正之，庶无负先生之教云。

门人徐爱书。

一

爱问："'在亲民'，朱子谓当作'新民'[⑧]，后章'作新民'之文，似亦有据。先生以为宜从旧本作'亲民'，亦有所据否？"

先生曰："'作新民'之'新'，是自新之民，与'在新民'之'新'不同，此岂足为据？'作'字却与'亲'字相对，然非'新'字义。下面'治国平天下'处，皆于'新'字无发明。如云'君子贤其贤而亲其亲，小人乐其乐而利其利''如

---

① 藩篱：亦作"蕃篱"。用竹木编成的篱笆或围栅。此处喻造诣、境界。
② 謦（qǐng）咳：咳嗽。引申为言笑。此处意为言谈、教诲。
③ 遽（jù）：仓促。
④ 臆断：凭主观猜测而下的判断。
⑤ 悬度：无根据地揣测、估计。
⑥ 牝牡（pìn mǔ）：指鸟兽的雌性和雄性。
⑦ 骊：纯黑马。
⑧ "在亲民"，朱子谓当作"新民"：语出朱熹《大学章句》。"在亲民"，语出《大学》首章。

保赤子’‘民之所好好之，民之所恶恶之，此之谓民之父母’之类，皆是‘亲’字意。‘亲民’犹孟子‘亲亲仁民[①]’之谓，亲之即仁之也。百姓不亲，舜使契为司徒，‘敬敷五教’[②]，所以亲之也。《尧典》‘克明峻德’，便是‘明明德’；‘以亲九族’至‘平章’‘协和’[③]，便是‘亲民’，便是‘明明德于天下’。又如孔子言‘修己以安百姓[④]’，‘修己’便是‘明明德’，‘安百姓’便是‘亲民’。说‘亲民’，便是兼教养意；说‘新民’，便觉偏了。”

二

爱问：“‘知止而后有定[⑤]’，朱子以为‘事事物物皆有定理’，似与先生之说相戾。”

先生曰：“于事事物物上求至善，却是义外[⑥]也。至善是心之本体，只是‘明明德’到‘至精至一’处便是。然亦未尝离

① 亲亲仁民：语出《孟子·尽心上》。

② 舜使契为司徒，“敬敷五教”：舜，传说中父系氏族社会后期部落联盟领袖。姚姓，一作妫姓，号有虞氏，名重华，史称“虞舜”。契，传说中商的始祖，子姓。帝喾之子，母为简狄。相传契为简狄吞玄鸟（燕）卵所生。曾助禹治水有功，被舜任为司徒，掌管教化。居于商（今河南商丘南），一说居于蕃（今山东滕州）。敷，布，施。五教，五种伦理道德，即父义、母慈、兄友、弟恭、子孝。

③ “以亲九族”至“平章”“协和”：语出《尚书·尧典》。

④ 修己以安百姓：语出《论语·宪问篇》。

⑤ 知止而后有定：语出《大学》。

⑥ 义外：语出《孟子·告子上》。

却事物。本注[①]所谓‘尽夫天理之极，而无一毫人欲之私’者，得之。”

三

爱问：“至善只求诸心，恐于天下事理有不能尽。”

先生曰：“心即理[②]也。天下又有心外之事，心外之理乎？”

爱曰：“如事父之孝，事君之忠，交友之信，治民之仁，其间有许多理在，恐亦不可不察。”

先生叹曰：“此说之蔽久矣，岂一语所能悟！今姑就所问者言之。且如事父，不成[③]去父上求个孝的理？事君，不成去君上求个忠的理？交友、治民，不成去友上、民上求个信与仁的理？都只在此心，心即理也。此心无私欲之蔽，即是天理，不须外面添一分。以此纯乎天理之心，发之事父便是孝，发之事君便是忠，发之交友、治民便是信与仁。只在此心去人欲、存天理上用功便是。”

爱曰：“闻先生如此说，爱已觉有省悟处。但旧说缠于胸

---

① 本注：指朱熹《大学章句》第一章注：“言明明德、新民，皆当至于至善之地而不迁。盖必其有以尽夫天理之极，而无一毫人欲之私也。”

② 心即理：王阳明心学修身治学的基本命题，即认为一切事物都只是人心的一种折射。相应地，人要逆世俗之流成为圣贤就必须通过在具体的事物上体认本心，经过不断深入，不断存天理、去人欲，积累浩然正气，最终达到至善境界。

③ 不成：反诘之辞。用于句首，犹难道。

中，尚有未脱然者。如事父一事，其间温凊定省[①]之类，有许多节目，不亦须讲求否？”

先生曰：“如何不讲求？只是有个头脑，只是就此心去人欲、存天理上讲求。就如讲求冬温，也只是要尽此心之孝，恐怕有一毫人欲间杂；讲求夏凊，也只是要尽此心之孝，恐怕有一毫人欲间杂：只是讲求得此心。此心若无人欲，纯是天理，是个诚于孝亲的心，冬时自然思量父母的寒，便自要去求个温的道理；夏时自然思量父母的热，便自要去求个凊的道理。这都是那诚孝的心发出来的条件。却是须有这诚孝的心，然后有这条件发出来。譬之树木，这诚孝的心便是根，许多条件便是枝叶。须先有根，然后有枝叶。不是先寻了枝叶，然后去种根。《礼记》言：‘孝子之有深爱者，必有和气；有和气者，必有愉色；有愉色者，必有婉容。’须是有个深爱做根，便自然如此。”

四

郑朝朔[②]问：“至善亦须有从事物上求者？”

先生曰：“至善只是此心纯乎天理之极便是，更于事物上怎生求？且试说几件看。”

朝朔曰：“且如事亲，如何而为温凊之节，如何而为奉养之

---

① 温凊（qìng）定省（xǐng）：温凊，“冬温夏凊”的略语，指古代子女奉养父母之道；定省，“昏定晨省”的略语，语出《礼记·曲礼上》，指子女早晚向父母问安。

② 郑朝朔：名一初，广东揭阳人，官至监察御史。曾受学于王阳明。

宜？须求个是当，方是至善。所以有学问思辩[①]之功。”

先生曰：“若只是温凊之节、奉养之宜，可一日二日讲之而尽，用得甚学问思说辩？惟于温凊时，也只要此心纯乎天理之极；奉养时，也只要此心纯乎天理之极。此则非有学问思辩之功，将不免于毫厘千里之缪[②]。所以虽在圣人，犹加‘精一’之训。若只是那些仪节求得是当，便谓至善，即如今扮戏子，扮得许多温凊奉养的仪节是当，亦可谓之至善矣。”

爱于是日又有省。

五

爱因未会先生“知行合一[③]”之训，与宗贤[④]、惟贤[⑤]往复辩论，未能决。以问于先生。

先生曰：“试举看。”

爱曰：“如今人尽有知得父当孝、兄当弟[⑥]者，却不能孝、不能弟，便是知与行分明是两件。”

先生曰：“此已被私欲隔断，不是知行的本体了。未有知而

---

① 学问思辩：辩，通“辨”。语出《中庸》。

② 毫厘千里之缪：缪，通“谬”。典出《礼记·经解》。

③ 知行合一：王阳明提出的认识和道德修养方法。他认为“知”和“行”是统一的，反对宋儒程朱派“知在行先”的说法和只“讲之以口耳”的学风。

④ 宗贤：黄绾（1480—1554），字宗贤，号久庵，浙江黄岩人。官至礼部尚书。王阳明的学生。

⑤ 惟贤：顾应祥（1483—1565），字惟贤，号箬溪，浙江长兴人。官至南京刑部尚书。王阳明的学生。

⑥ 弟（tì）：同“悌”。敬爱兄长。

不行者。知而不行，只是未知。圣贤教人知行，正是要复那本体，不是着你只恁的便罢。故《大学》指个真知行与人看，说‘如好好色，如恶恶臭[①]’。见好色属知，好好色属行。只见那好色时已自好了，不是见了后又立个心去好。闻恶臭属知，恶恶臭属行。只闻那恶臭时已自恶了，不是闻了后别立个心去恶。如鼻塞人虽见恶臭在前，鼻中不曾闻得，便亦不甚恶，亦只是不曾知臭。就如称某人知孝、某人知弟，必是其人已曾行孝行弟，方可称他知孝知弟，不成只是晓得说些孝弟的话，便可称为知孝弟。又如知痛，必已自痛了方知痛；知寒，必已自寒了；知饥，必已自饥了。知行如何分得开？此便是知行的本体，不曾有私意隔断的。圣人教人，必要是如此，方可谓之知。不然，只是不曾知。此却是何等紧切着实的工夫！如今苦苦定要说知行做两个，是甚么意？某要说做一个，是甚么意？若不知立言宗旨，只管说一个两个，亦有甚用？”

爱曰：“古人说知行做两个，亦是要人见个分晓，一行做知的功夫，一行做行的功夫，即功夫始有下落。”

先生曰：“此却失了古人宗旨也。某尝说知是行的主意，行是知的功夫；知是行之始，行是知之成。若会得时，只说一个知，已自有行在；只说一个行，已自有知在。古人所以既说一个知又说一个行者，只为世间有一种人，懵懵懂懂的任意去做，全不解思惟省察，也只是个冥行妄作，所以必说个知，方才行得

---

① 如好好色（hào hǎo sè），如恶恶臭（wù è xiù）：好好色，喜欢漂亮的女色。恶恶臭，讨厌极难闻的臭气。语出《大学》。

是。又有一种人，茫茫荡荡悬空去思索，全不肯着实躬行，也只是个揣摸影响，所以必说一个行，方才知得真。此是古人不得已补偏救弊的说话。若见得这个意时，即一言而足。今人却就将知行分作两件去做，以为必先知了然后能行。我如今且去讲习讨论做知的工夫，待知得真了，方去做行的工夫，故遂终身不行，亦遂终身不知。此不是小病痛，其来已非一日矣。某今说个知行合一，正是对病的药，又不是某凿空杜撰[①]，知行本体原是如此。今若知得宗旨时，即说两个亦不妨，亦只是一个；若不会宗旨，便说一个，亦济得甚事？只是闲说话。"

六

爱问："昨闻先生'止至善[②]'之教，已觉功夫有用力处；但与朱子'格物[③]'之训，思之终不能合。"

先生曰："格物是止至善之功。既知至善，即知格物矣。"

爱曰："昨以先生之教，推之格物之说，似亦见得大略。但朱子之训，其于《书》之'精一'，《论语》之'博约[④]'，《孟

---

① 杜撰：无根据地编造。

② 止至善：意思是达到最高的境界。语出《礼记·大学》。

③ 格物：又称"格致"。中国古代哲学命题。《礼记·大学》："致知在格物，物格而后知至。"郑玄注："格，来也。物，犹事也。其知于善深，则来善物；其知于恶深，则来恶物……此致或为至。"宋以后儒者对格物致知的解释颇多分歧。朱熹释为"言欲致吾之知，在即物而穷其理也"（《四书章句集注》），承认接触事物（"格物"）是获得知识（"致知"）的方法，但把这仅看作启发内心直觉达到"一旦豁然贯通"的手段。

④ 博约：语出《论语·雍也篇》。

子》之'尽心知性[1]'，皆有所证据，以是未能释然。"

先生曰："子夏[2]笃信圣人，曾子[3]反求诸己。笃信固亦是，然不如反求之切。今既不得于心，安可狃[4]于旧闻，不求是当？就如朱子亦尊信程子，至其不得于心处，亦何尝苟从？'精一''博约''尽心'，本自与吾说吻合，但未之思耳。朱子'格物'之训，未免牵合附会，非其本旨。精是一之功，博是约之功。曰仁既明知行合一之说，此可一言而喻。'尽心、知性、知天[5]'，是'生知安行[6]'事；'存心、养性、事天'，是'学知利行'事；'夭寿不贰，修身以俟'，是'困知勉行'事。朱子错训'格物'，只为倒看了此意，以'尽心知性'为'物格知至'，要初学便去做'生知安行'事，如何做得？"

爱问："'尽心知性'何以为'生知安行'？"

先生曰："性是心之体，天是性之原，尽心即是尽性。'惟天下至诚，为能尽其性，知天地之化育[7]。'存心者，心有未尽

---

① 尽心知性：语出《孟子·尽心上》。

② 子夏（前507—？）：春秋末晋国温（今河南温县西南）人，一说卫国人。卜氏，名商。孔子学生。为莒父宰。以文学著称，才思敏捷，受孔子称赞。

③ 曾子（前505—前434）：春秋末鲁国南武城（一说为今山东嘉祥南，一说为今山东平邑南）人。名参，字子舆。孔子学生。以孝著称。提出"吾日三省吾身"（《论语·学而篇》）的修养方法。

④ 狃（niǔ）：习惯。

⑤ 尽心、知性、知天：与下文"存心、养性、事天""夭寿不贰，修身以俟"，语出《孟子·尽心上》。

⑥ 生知安行：与下文"学知利行""困知勉行"，语出《中庸》。这是人在学习、实践为人之道时，由于根基不同而出现的三种不同情况。

⑦ 惟天下至诚，为能尽其性，知天地之化育：语出《中庸》。

也。‘知天’，如知州、知县之‘知’，是自己分上事，己与天为一；‘事天’，如子之事父、臣之事君，须是恭敬奉承，然后能无失，尚与天为二。此便是圣贤之别。至于‘夭寿不贰’其心，乃是教学者一心为善，不可以穷通夭寿之故，便把为善的心变动了，只去修身以俟命。见得穷通夭寿有个命在，我亦不必以此动心。‘事天’虽与天为二，已自见得个天在面前；‘俟命’便是未曾见面，在此等候相似，此便是初学立心之始，有个困勉的意在。今却倒做了，所以使学者无下手处。”

爱曰：“昨闻先生之教，亦影影见得功夫须是如此，今闻此说，益无可疑。爱昨晚思格物的‘物’字，即是‘事’字，皆从心上说。”

先生曰：“然。身之主宰便是心，心之所发便是意，意之本体便是知，意之所在便是物。如意在于事亲，即事亲便是一物；意在于事君，即事君便是一物；意在于仁民爱物[①]，即仁民爱物便是一物；意在于视听言动，即视听言动便是一物。所以某说无心外之理，无心外之物。《中庸》言‘不诚无物[②]’，《大学》‘明明德’之功，只是个诚意；诚意之功，只是个格物。”

先生又曰：“格物，如孟子‘大人格君心[③]’之‘格’，是去其心之不正，以全其本体之正。但意念所在，即要去其不正以全其正，即无时无处不是存天理，即是穷理。天理即是‘明

---

① 仁民爱物：语出《孟子·尽心上》。

② 不诚无物：语出《中庸》。

③ 大人格君心：语出《孟子·离娄上》。

德’，穷理即是‘明明德’。”

又曰：“知是心之本体。心自然会知。见父自然知孝，见兄自然知弟[①]，见孺子入井自然知恻隐，此便是良知，不假外求。若良知之发，更无私意障碍，即所谓‘充其恻隐之心，而仁不可胜用矣’。然在常人不能无私意障碍，所以须用致知格物之功，胜私复理。即心之良知更无障碍，得以充塞流行，便是致其知。知致则意诚。”

七

爱问：“先生以‘博文’为‘约礼’功夫，深思之未能得，略请开示。”

先生曰：“‘礼’字即是‘理’字。理之发见，可见者谓之文；文之隐微，不可见者谓之理；只是一物。‘约礼’只是要此心纯是一个天理。要此心纯是天理，须就理之发见处用功。如发见于事亲时，就在事亲上学存此天理；发见于事君时，就在事君上学存此天理；发见于处富贵贫贱时，就在处富贵贫贱上学存此天理；发见于处患难夷狄[②]时，就在处患难夷狄上学存此天理。至于作止语默，无处不然。随他发见处，即就那上面学个存天理。这便是博学之于文，便是约礼的功夫。‘博文’即是‘惟精’，‘约礼’即是‘惟一’。”

---

① 见父自然知孝，见兄自然知弟：语出《孟子·尽心上》。

② 夷狄：古代泛称中国东方各族为“夷”，北方各族为“狄”，因用以泛指异族人。

八

爱问："'道心常为一身之主，而人心每听命[①]'，以先生'精一'之训推之，此语似有弊。"

先生曰："然。心一也，未杂于人谓之道心，杂以人伪谓之人心。人心之得其正者即道心，道心之失其正者即人心，初非有二心也。程子谓'人心即人欲，道心即天理[②]'，语若分析，而意实得之。今曰'道心为主而人心听命'，是二心也。天理人欲不并立，安有天理为主，人欲又从而听命者？"

九

爱问文中子[③]、韩退之[④]。

先生曰："退之，文人之雄耳；文中子，贤儒也。后人徒以文词之故推尊退之，其实退之去文中子远甚。"

爱问："何以有拟经[⑤]之失？"

---

① 道心常为一身之主，而人心每听命：语出朱熹《中庸章句序》。

② 人心即人欲，道心即天理：语出《河南程氏遗书》。

③ 文中子：王通（584—617），隋代思想家。字仲淹，门人私谥"文中子"，绛州龙门（今山西河津）人。曾上太平策，不见用，退居河、汾之间，授徒自给。有弟子千余人，时称"河汾门下"。主张儒、佛、道三教合一，其基本立足点则为儒学。

④ 韩退之：韩愈（768—824），唐代文学家、哲学家。字退之，河南河阳（今河南孟州南）人。自谓郡望昌黎，世称韩昌黎。贞元进士。任监察御史，以事贬为阳山令。赦还后，曾任国子博士、刑部侍郎等职。官至吏部侍郎。思想上尊崇儒学，抵排佛老。

⑤ 经：指《易》《诗》《书》《礼》《乐》《春秋》六经。

先生曰："拟经恐未可尽非。且说后世儒者著述之意，与拟经如何？"

爱曰："世儒著述，近名之意不无，然期以明道；拟经纯若为名。"

先生曰："著述以明道，亦何所效法？"

曰："孔子删述六经，以明道也。"

先生曰："然则拟经独非效法孔子乎？"

爱曰："著述即于道有所发明。拟经似徒拟其迹，恐于道无补。"

先生曰："子以明道者，使其反朴还淳而见诸行事之实乎？抑将美其言辞而徒以譊譊[①]于世也？天下之大乱，由虚文胜而实行衰也。使道明于天下，则六经不必述。删述六经，孔子不得已也。自伏羲画卦，至于文王、周公[②]，其间言《易》，如《连山》《归藏》[③]之属，纷纷籍籍，不知其几，《易》道大乱。孔子以天下好文之风日盛，知其说之将无纪极，于是取文王、周公之说而赞之，以为惟此为得其宗。于是纷纷之说尽废，而天下之言《易》者始一。《书》《诗》《礼》

---

① 譊（náo）譊：争辩声。

② 自伏羲画卦，至于文王、周公：讨论《易经》的历史演变。按传统说法，《易经》的八卦由伏羲所作，卦辞由周文王所作，爻辞由周公所作。

③ 《连山》《归藏》：相传为《周易》前的古《易》。连山卦以纯艮开始，艮象征山，故名。归藏卦以纯坤为首，坤象征地，"万物莫不归而藏于其中"，故名。

《乐》《春秋》皆然。《书》自《典》《谟》[①]以后，《诗》自二《南》[②]以降，如《九丘》《八索》[③]，一切淫哇逸荡之词，盖不知其几千百篇。《礼》《乐》之名物度数，至是亦不可胜穷。孔子皆删削而述正之，然后其说始废。如《书》《诗》《礼》《乐》中，孔子何尝加一语？今之《礼记》诸说，皆后儒附会而成，已非孔子之旧。至于《春秋》，虽称孔子作之[④]，其实皆鲁史旧文。所谓'笔'者，笔其书；所谓'削'者，削其繁，是有减无增。孔子述六经，惧繁文之乱天下，惟简之而不得，使天下务去其文以求其实，非以文教之也。春秋以后，繁文益盛，天下益乱。始皇焚书得罪，是出于私意，又不合焚六经。若当时志在明道，其诸反经叛理之说，悉取而焚之，亦正暗合删述之意。自秦、汉以降，文又日盛，若欲尽去之，断不能去。只宜取法孔子，录其近是者而表章之，则其诸怪悖之说，亦宜渐渐自废。不知文中子当时拟经之意如何？某切深有取于其事，以为圣人复起，不能易也。天下所以不治，只因文盛实衰，人出己见，新奇相高，以眩俗取誉，徒以乱天下之聪明，涂天下之耳目，使天下靡然争务修饰文词，以求知于世，而不复知有敦本尚实、反朴还淳之行，是皆著述者有以启之。"

---

① 《典》《谟》：《尧典》《舜典》《大禹谟》《皋陶谟》《益稷》。

② 二《南》：《诗经·国风》中《周南》《召南》的合称。总计二十五篇。

③ 《九丘》《八索》：相传为古书名。《左传·昭公二十年》："是能读《三坟》《五典》《八索》《九丘》。"汉以后，关于两书性质各说纷纭。

④ 至于《春秋》，虽称孔子作之：此说见《孟子·滕文公下》。

爱曰："著述亦有不可缺者，如《春秋》一经，若无《左传》[①]，恐亦难晓。"

先生曰："《春秋》必待《传》[②]而后明，是歇后谜语矣。圣人何苦为此艰深隐晦之词？《左传》多是鲁史旧文，若《春秋》须此而后明，孔子何必削之？"

爱曰："伊川亦云：'《传》是案，《经》是断。'如书弑某君、伐某国，若不明其事，恐亦难断。"

先生曰："伊川此言，恐亦是相沿世儒之说，未得圣人作经之意。如书'弑君'，即弑君便是罪，何必更问其弑君之详？征伐当自天子出[③]，书'伐国'，即伐国便是罪，何必更问其伐国之详？圣人述六经，只是要正人心，只是要存天理、去人欲。于存天理、去人欲之事，则尝言之。或因人请问，各随分量而说，亦不肯多道，恐人专求之言语，故曰'予欲无言'。若是一切纵人欲、灭天理的事，又安肯详以示人？是长乱导奸也。故孟子云：'仲尼之门，无道桓、文之事者，是以后世无传焉[④]。'此便是孔门家法。世儒只讲得一个伯者的学问，所以要知得许多阴谋诡计，纯是一片功利的心，与圣人作经的意思正相反，如何

---

① 《左传》：亦称《春秋左氏传》或《左氏春秋》。儒家经典。旧传春秋左丘明所撰。多用事实解释《春秋》，同《公羊传》《穀梁传》用义理解释有异。

② 《传》：指解释《春秋》的三传《左传》《公羊传》《穀梁传》。

③ 征伐当自天子出：语出《论语·季氏篇》："天下有道，则礼乐征伐自天子出；天下无道，则礼乐征伐自诸侯出。"

④ 仲尼之门，无道桓、文之事者，是以后世无传焉：语出《孟子·梁惠王上》。

思量得通？”因叹曰：“此非达天德[1]者，未易与言此也！”

又曰：“孔子云‘吾犹及史之阙文也[2]’，孟子云‘尽信《书》，不如无《书》。吾于《武成》，取二三策而已[3]’。孔子删《书》，于唐、虞、夏四五百年间，不过数篇。岂更无一事？而所述止此，圣人之意可知矣。圣人只是要删去繁文，后儒却只要添上。”

十

爱曰：“圣人作经，只是要去人欲、存天理。如五伯[4]以下事，圣人不欲详以示人，则诚然矣。至如尧、舜以前事，如何略不少见？”

先生曰：“羲、黄之世，其事阔疏，传之者鲜矣。此亦可以想见，其时全是淳庞朴素、略无文采的气象。此便是太古之治，非后世可及。”

爱曰：“如《三坟》[5]之类，亦有传者。孔子何以删之？”

---

① 天德：与天同德，意为道德极其高尚。语出《中庸》。

② 吾犹及史之阙文也：语出《论语·卫灵公篇》。

③ “尽信”二句：语出《孟子·尽心下》。《武成》为《尚书》中篇名，记载武王灭商后，与大臣商量怎样治理商地等。

④ 五伯：亦作“五霸”。春秋时先后称霸的五个诸侯。一说指齐桓公、晋文公、楚庄王、吴王阖闾、越王勾践。一说指齐桓公、宋襄公、晋文公、秦穆公、楚庄王。一说指齐桓公、晋文公、秦穆公、楚庄王、吴王阖闾。一说指齐桓公、宋襄公、晋文公、秦穆公、吴王夫差。

⑤ 《三坟》：相传为古书名。《左传·昭公十二年》：“是能读《三坟》《五典》《八索》《九丘》。”一说《三坟》是三皇之书，也有认为系指天、地、人三礼，或天、地、人三气的，并见唐孔颖达《左传正义》引。

先生曰："纵有传者，亦于世变渐非所宜。风气益开，文采日胜。至于周末，虽欲变以夏、商之俗，已不可挽。况唐、虞乎！又况羲、黄之世乎！然其治不同，其道则一。孔子于尧舜则祖述之，于文、武则宪章之[1]。文、武之法，即是尧、舜之道。但因时致治，其设施政令已自不同。即夏、商事业，施之于周，已有不合。故'周公思兼三王，其有不合，仰而思之，夜以继日[2]'。况太古之治，岂复能行？斯固圣人之所可略也。"

又曰："专事无为，不能如三王之因时致治，而必欲行以太古之俗，即是佛、老的学术。因时致治，不能如三王之一本于道，而以功利之心行之，即是伯者以下事业。后世儒者许多讲来讲去，只是讲得个伯术。"

又曰："唐、虞以上之治，后世不可复也，略之可也。三代[3]以下之治，后世不可法也，削之可也。惟三代之治可行。然而世之论三代者，不明其本而徒事其末，则亦不可复矣。"

十一

爱曰："先儒论六经，以《春秋》为史。史专记事，恐与五经[4]事体终或稍异。"

---

① 孔子于尧舜则祖述之，于文武则宪章之：语出《中庸》："仲尼祖述尧舜，宪章文武。"

② "周公"四句：语出《孟子·离娄下》。

③ 三代：指夏、商、周三代。

④ 五经：五部儒家经典。始称于汉武帝时（前141—前87）。即《诗》《书》《礼》《易》《春秋》。

先生曰："以事言，谓之史；以道言，谓之经。事即道，道即事。《春秋》亦经，五经亦史。《易》是包牺氏[1]之史，《书》是尧、舜以下史，《诗》《礼》《乐》是三代史。其事同，其道同，安有所谓异？"

又曰："五经亦只是史。史以明善恶，示训戒：善可为训者，特存其迹以示法；恶可为戒者，存其戒而削其事以杜奸。"

爱曰："存其迹以示法，亦是存天理之本然；削其事以杜奸，亦是遏人欲于将萌否？"

先生曰："圣人作经，固无非是此意，然又不必泥着文句。"

爱又问："恶可为戒者，存其戒而削其事以杜奸，何独于《诗》而不删郑、卫？先儒谓'恶者可以惩创人之逸志[2]'，然否？"

先生曰："《诗》非孔门之旧本矣。孔子云'放郑声，郑声淫[3]'，又曰'恶郑声之乱雅乐也[4]'，'郑、卫之音，亡国之音

---

① 包牺氏：指伏羲。亦称"牺皇""皇羲"。中华神话中人类的始祖。

② 恶者可以惩创人之逸志：语出朱熹《论语集注·为政篇》："凡《诗》之言，善者可以感发人之善心，恶者可以惩创人之逸志，其用归于使人得其情性之正而已。"

③ 放郑声，郑声淫：语出《论语·卫灵公篇》："放郑声，远佞人。郑声淫，佞人殆。"

④ 恶郑声之乱雅乐也：语出《论语·阳货篇》："恶紫之夺朱也，恶郑声之乱雅乐也，恶利口之覆邦家者。"

也[①]’。此是孔门家法。孔子所定三百篇，皆所谓雅乐，皆可奏之郊庙、奏之乡党，皆所以宣畅和平，涵泳德性，移风易俗，安得有此？是长淫导奸矣。此必秦火之后，世儒附会以足三百篇之数。盖淫泆之词，世俗多所喜传，如今闾巷皆然。‘恶者可以惩创人之逸志’，是求其说而不得，从而为之辞。”

徐爱跋

爱因旧说汩没[②]，始闻先生之教，实是骇愕不定，无入头处。其后闻之既久，渐知反身实践，然后始信先生之学为孔门嫡传，舍是皆傍蹊小径，断港绝河[③]矣。如说格物是诚意的工夫，明善是诚身的工夫[④]，穷理是尽性的工夫，道问学是尊德性的工夫[⑤]，博文是约礼的工夫，惟精是惟一的工夫，诸如此类，始皆落落难合。其后思之既久，不觉手舞足蹈。

右曰仁所录

---

① 郑、卫之音，亡国之音也：语出《礼记·乐记》：“郑卫之音，乱世之音也。比于慢矣。桑间、濮上之音，亡国之音也。”

② 汩没（gǔ mò）：沉沦，埋没。

③ 断港绝河：指无法通行的水路。

④ 明善是诚身的工夫：语出《中庸》：“诚身有道，不明乎善，不诚乎身矣。”意指如果不能明察事理，了解什么是善，就无法使自己的行为符合天理的准则。

⑤ 道问学是尊德性的工夫：语出《中庸》：“故君子尊德性而道问学，致广大而尽精微。”

陆澄[1]录

一

陆澄问："主一之功，如读书则一心在读书上，接客则一心在接客上，可以为主一乎？"

先生曰："好色则一心在好色上，好货则一心在好货上，可以为主一乎？是所谓逐物，非主一也。主一，是专主一个天理。"

问立志。

先生曰："只念念要存天理，即是立志。能不忘乎此，久则自然心中凝聚，犹道家所谓'结圣胎[2]'也。此天理之念常存，驯[3]至于美、大、圣、神[4]，亦只从此一念存养扩充去耳。"

"日间工夫，觉纷扰则静坐，觉懒看书则且看书，是亦因病而药。"

---

① 陆澄：字原静，又字清伯，湖州归安（今浙江吴兴）人。生卒年不详。王阳明门人。

② 结圣胎：道教炼内丹，以母体结胎比喻凝聚精、气、神三者炼成之丹，故名"结圣胎"。

③ 驯：渐进之意，逐渐。

④ 美、大、圣、神：语出《孟子·尽心下》。

“处朋友，务相下[①]则得益，相上[②]则损。”

二

孟源[③]有自是好名之病，先生屡责之。一日，警责方已，一友自陈日来工夫请正。源从傍曰：“此方是寻着源旧时家当[④]。”

先生曰：“尔病又发！”

源色变，议拟欲有所辨。

先生曰：“尔病又发！”因喻之曰：“此是汝一生大病根。譬如方丈地内，种此一大树，雨露之滋，土脉之力，只滋养得这个大根。四傍纵要种些嘉谷，上面被此树叶遮覆，下面被此树根盘结，如何生长得成？须用伐去此树，纤根勿留，方可种植嘉种。不然，任汝耕耘培壅，只是滋养得此根。”

三

问：“后世著述之多，恐亦有乱正学。”

先生曰：“人心天理浑然，圣贤笔之书，如写真传神，不过示人以形状大略，使之因此而讨求其真耳。其精神意气、言笑动止，固有所不能传也。后世著述，是又将圣人所画，摹仿誊写，而妄自分析加增，以逞其技，其失真愈远矣。”

---

① 相下：互相谦让。

② 相上：互不谦让。

③ 孟源：字伯生，安徽滁州人。王阳明的学生。

④ 家当：原意为家产，此处意为学识、修养。

四

问："圣人应变不穷，莫亦是预先讲求否？"

先生曰："如何讲求得许多？圣人之心如明镜，只是一个明，则随感而应，无物不照；未有已往之形尚在，未照之形先具者。若后世所讲，却是如此，是以与圣人之学大背。周公制礼作乐以文[①]天下，皆圣人所能为，尧、舜何不尽为之而待于周公？孔子删述六经以诏万世，亦圣人所能为，周公何不先为之而有待于孔子？是知圣人遇此时，方有此事。只怕镜不明，不怕物来不能照。讲求事变，亦是照时事，然学者却须先有个明的工夫。学者惟患此心之未能明，不患事变之不能尽。"

曰："然则所谓'冲漠无朕，而万象森然已具[②]'者，其言何如？"

曰："是说本自好，只不善看，亦便有病痛。"

"义理无定在，无穷尽。吾与子言，不可以少有所得，而遂谓止此也。再言之十年、二十年、五十年，未有止也。"

他日又曰："圣如尧、舜，然尧、舜之上，善无尽；恶如桀、纣，然桀、纣之下，恶无尽。使桀、纣未死，恶宁止此

---

① 文：修饰，引申为教化。

② 冲漠无朕，而万象森然已具：程颐语，语出《河南程氏遗书》："冲漠无朕，万象森然已具，未应不是先，已应不是后。"森然，严整貌。

乎？使善有尽时，文王何以‘望道而未之见[①]’？”

五

问：“静时亦觉意思好，才遇事便不同，如何？”

先生曰：“是徒知静养而不用克己工夫也。如此，临事便要倾倒。人须在事上磨，方立得住，方能‘静亦定，动亦定’。”

六

问上达[②]工夫。

先生曰：“后儒教人，才涉精微，便谓上达未当学，且说下学[③]。是分下学、上达为二也。夫目可得见、耳可得闻、口可得言、心可得思者，皆下学也。目不可得见、耳不可得闻、口不可得言、心不可得思者，上达也。如木之栽培灌溉，是下学也；至于日夜之所息[④]，条达畅茂，乃是上达。人安能预其力哉？故凡可用功、可告语者，皆下学，上达只在下学里。凡圣人所说，虽极精微，俱是下学。学者只从下学里用功，自然上达去，不必别寻个上达的工夫。”

---

① 望道而未之见：语出《孟子·离娄下》：“文王视民如伤，望道而未之见。”意为文王渴求圣道，虽然道在眼前，却仍像从未见过道那样不懈地追求。

② 上达：指通达天道。

③ 下学：谓学习人情事理的基本知识。

④ 日夜之所息：语出《孟子·告子上》：“其日夜之所息，平旦之气，其好恶与人相近也者几希，则其旦昼之所为，有梏亡之矣。”

七

“持志如心痛，一心在痛上，岂有工夫说闲话、管闲事？”

八

问：“‘惟精’‘惟一’是如何用功？”

先生曰：“‘惟一’是‘惟精’主意，‘惟精’是‘惟一’功夫，非‘惟精’之外复有‘惟一’也。‘精’字从‘米’，姑以米譬之：要得此米纯然洁白，便是‘惟一’意。然非加舂簸筛拣‘惟精’之工，则不能纯然洁白也。舂簸筛拣，是‘惟精’之功。然亦不过要此米到纯然洁白而已。博学、审问、慎思、明辨、笃行者，皆所以为‘惟精’而求‘惟一’也。他如‘博文’者，即‘约礼’之功；‘格物’‘致知’者，即‘诚意’之功；‘道问学’即‘尊德性’之功；‘明善’即‘诚身’之功；无二说也。”

九

“知者行之始，行者知之成。圣学只一个功夫，知行不可分作两事。”

十

“漆雕开[1]曰‘吾斯之未能信[2]’，夫子说之。子路[3]使子羔[4]为费宰，子曰：‘贼夫人之子[5]。’曾点[6]言志，夫子许之。圣人之意可见矣。”

十一

问：“宁静存心时，可为‘未发之中[7]’否？”

先生曰：“今人存心，只定得气。当其宁静时，亦只是气宁静，不可以为‘未发之中’。”

曰：“未便是中，莫亦是求中功夫？”

曰：“只要去人欲、存天理，方是功夫。静时念念去人欲、存天理，动时念念去人欲、存天理，不管宁静不宁静。若靠那宁静，不惟渐有喜静厌动之弊，中间许多病痛只是潜伏在，终不能绝去，遇事依旧滋长。以循理为主，何尝不宁静？以宁静为

---

① 漆雕开（前540—？）：春秋末鲁国人，一说蔡国人。字子开，一字子若。孔子学生。以德行著称。主张性有善有恶（见王充《论衡·本性》）。

② 吾斯之未能信：语出《论语·公冶长篇》。

③ 子路（前542—前480）：春秋末鲁国卞（今山东泗水东南）人。仲氏，名由，字子路，亦字季路。孔子的学生。性直爽勇敢。

④ 子羔：春秋齐国人，姓高，名柴，孔子的学生。

⑤ 贼夫（fú）人之子：意为危害人家的孩子。语出《论语·先进篇》。

⑥ 曾点：曾皙，鲁国人，孔子的学生。

⑦ 未发之中：语出《中庸》：“喜怒哀乐之未发，谓之中。发而皆中节，谓之和。”未发，没有表现出来。中，中和，指不偏不倚的状态。

主，未必能循理。”

十二

问：“孔门言志[①]，由、求任政事，公西赤[②]任礼乐，多少实用。及曾皙说来却似耍的事，圣人却许他，是意何如？”

曰：“三子是有意必[③]，有意必便偏着一边，能此未必能彼。曾点这意思却无意必，便是‘素其位而行，不愿乎其外’‘素夷狄，行乎夷狄；素患难，行乎患难’‘无入而不自得’[④]矣。三子所谓‘汝器也[⑤]’，曾点便有‘不器[⑥]’意。然三子之才，各卓然成章，非若世之空言无实者，故夫子亦皆许之。”

十三

问：“知识不长进，如何？”

先生曰：“为学须有本原，须从本原上用力，渐渐盈科而进[⑦]。仙家说婴儿，亦善譬。婴儿在母腹时，只是纯气，有何知

---

① 孔门言志：语出《论语·先进篇》。在这一章中，孔子与弟子子路、曾皙、冉有、公西华各言志向。

② 公西赤：姓公西，名赤，字子华。孔子的学生。

③ 意必：语出《论语·子罕篇》。意，即主观猜测。必，即绝对化。

④ “素其位而行，不愿乎其外”三句：语出《中庸》。素其位，安于当下的地位、条件。

⑤ 汝器也：语出《论语·公冶长篇》。意为你具有某一方面的才能。器，即器具，特定的器具有专门的用途，用来比喻某种特定的才能。

⑥ 不器：语出《论语·为政篇》。

⑦ 盈科而进：语出《孟子·离娄下》。比喻循序渐进。

识？出胎后，方始能啼，既而后能笑，又既而后能识认其父母兄弟，又既而后能立、能行、能持、能负，卒乃天下之事无不可能。皆是精气日足，则筋力日强、聪明日开，不是出胎日便讲求推寻得来，故须有个本原。圣人到‘位天地，育万物[1]’，也只从‘喜怒哀乐未发之中’上养来。后儒不明格物之说，见圣人无不知、无不能，便欲于初下手时讲求得尽，岂有此理？”

又曰：“立志用功，如种树然。方其根芽，犹未有干，及其有干，尚未有枝，枝而后叶，叶而后花、实。初种根时，只管栽培灌溉，勿作枝想，勿作叶想，勿作花想，勿作实想。悬想何益？但不忘栽培之功，怕没有枝叶花实？”

十四

问：“看书不能明，如何？”

先生曰：“此只是在文义上穿求[2]，故不明。如此，又不如为旧时学问。他到看得多、解得去。只是他为学虽极解得明晓，亦终身无得。须于心体上用功，凡明不得、行不去，须反在自心上体当，即可通。盖四书、五经，不过说这心体。这心体即所谓道，心体明即是道明，更无二。此是为学头脑处。”

---

① 位天地、育万物：语出《中庸》：“致中和，天地位焉，万物育焉。”

② 穿求：挖掘搜寻。

十五

“虚灵不昧，众理具而万事出[①]。心外无理，心外无事。”

十六

或问：“晦庵先生曰：‘人之所以为学者，心与理而已。’此语如何？”

曰：“心即性，性即理，下一‘与’字，恐未免为二。此在学者善观之。”

十七

或曰：“人皆有是心，心即理，何以有为善，有为不善？”

先生曰：“恶人之心，失其本体。”

十八

问：“‘析之有以极其精而不乱，然后合之有以尽其大而无余[②]’，此言如何？”

先生曰：“恐亦未尽。此理岂容分析？又何须凑合得？圣人说精一，自是尽。”

---

① 虚灵不昧，众理具而万事出：语出朱熹《大学章句》：“明德者，人之所得乎天，而虚灵不昧，以具众理而应万事者也。”

② 析之有以极其精而不乱，然后合之有以尽其大而无余：语出朱熹《大学或问》。

十九

“省察是有事时存养，存养是无事时省察。”

二十

澄尝问象山[1]在人情事变上做工夫之说。

先生曰：“除了人情事变，则无事矣。喜、怒、哀、乐，非人情乎？自视、听、言、动以至富贵、贫贱、患难、死生，皆事变也。事变亦只在人情里，其要只在‘致中和[2]’，‘致中和’只在‘谨独[3]’。”

二十一

澄问：“仁、义、礼、智之名，因已发而有？”

曰：“然。”

他日，澄曰：“恻隐、羞恶、辞让、是非[4]，是性之表德邪？”

---

① 象山：陆九渊（1139—1193），南宋理学家、教育家。字子静，号存斋，抚州金溪（今属江西）人。曾结茅讲学于象山（今江西贵溪西南），人称“象山先生”。

② 致中和：语出《中庸》。

③ 谨独：慎独，在独处时也能谨慎不苟。《中庸》：“莫见乎隐，莫显乎微，故君子慎其独也。”

④ 恻隐、羞恶、辞让、是非：语出《孟子·公孙丑上》：“恻隐之心，仁之端也；羞恶之心，义之端也；辞让之心，礼之端也；是非之心，智之端也。”即孟子“四端”。

曰："仁、义、礼、智也是表德。性一而已，自其形体也谓之天；主宰也，谓之帝；流行也，谓之命；赋于人也，谓之性；主于身也，谓之心。心之发也，遇父便谓之孝，遇君便谓之忠。自此以往，名至于无穷，只一性而已。犹人一而已，对父谓之子，对子谓之父。自此以往，名至于无穷，只一人而已。人只要在性上用功，看得一'性'字分明，即万理灿然。"

二十二

一日，论为学功夫。

先生曰："教人为学，不可执一偏。初学时，心猿意马[①]，拴缚不定，其所思虑多是人欲一边，故且教之静坐息思虑。久之，俟其心意稍定，只悬空静守，如槁木死灰[②]，亦无用，须教他省察克治。省察克治之功，则无时而可间，如去盗贼，须有个扫除廓清之意。无事时，将好色、好货、好名等私，逐一追究搜寻出来，定要拔去病根，永不复起，方始为快。常如猫之捕鼠，一眼看着，一耳听着，才有一念萌动，即与克去，斩钉截铁，不可姑容与他方便，不可窝藏，不可放他出路，方是真实用功，方能扫除廓清。到得无私可克，自有端拱[③]时在。虽曰'何

① 心猿意马：亦作"意马心猿"。比喻人的心思流荡散乱，把握不定。

② 槁木死灰：比喻对世事无动于衷。

③ 端拱：端坐拱手。《庄子·山木》："颜回端拱还目而窥之。"旧时指帝王无为而治。

思何虑[1]’，非初学时事。初学必须思省察克治，即是思诚，只思一个天理。到得天理纯全，便是‘何思何虑’矣。”

二十三

澄问：“有人夜怕鬼者，奈何？”

先生曰：“只是平日不能集义[2]，而心有所慊，故怕。若素行合于神明，何怕之有？”

子莘[3]曰：“正直之鬼不须怕，恐邪鬼不管人善恶，故未免怕。”

先生曰：“岂有邪鬼能迷正人乎？只此一怕，即是心邪。故有迷之者，非鬼迷也，心自迷耳。如人好色，即是色鬼迷；好货，即是货鬼迷。怒所不当怒，是怒鬼迷；惧所不当惧，是惧鬼迷也。”

二十四

“定者，心之本体，天理也。动静，所遇之时也。”

二十五

澄问《学》《庸》同异。

---

① 何思何虑：语出《周易·系辞下》：“子曰：‘天下何思何虑？天下同归而殊途，一致而百虑，天下何思何虑？’”

② 集义：意思是经常做符合道义的事。语出《孟子·公孙丑上》。

③ 子莘：马明衡，字子莘，福建莆田人，官至御史。王阳明早期的学生。著有《尚书疑义》。

先生曰："子思[①]括《大学》一书之义为《中庸》首章。"

二十六

问："孔子正名[②]，先儒说'上告天子，下告方伯，废辄立郢[③]'。此意如何？"

先生曰："恐难如此。岂有一人致敬尽礼，待我而为政，我就先去废他，岂人情天理？孔子既肯与辄为政，必已是他能倾心委国而听。圣人盛德至诚，必已感化卫辄，使知无父之不可以为人，必将痛哭奔走，往迎其父。父子之爱本于天性，辄能悔痛真切如此，蒯聩岂不感动底豫[④]？蒯聩既还，辄乃致国请戮。聩已见化于子，又有夫子至诚调和其间，当亦决不肯受，仍以命辄。群臣百姓又必欲得辄为君。辄乃自暴其罪恶，请于天子，告于方伯诸侯，而必欲致国于父。聩与群臣百姓，亦皆表辄悔悟仁孝之美，请于天子，告于方伯诸侯，必欲得辄而为之君。于是集命于辄，使之复君卫国。辄不得已，乃如后世上皇故事，率群臣百姓尊聩为太公，备物致养，而始退复其位焉。则君君、臣

---

① 子思（前483—前402）：战国初儒家学者。姓孔，名伋。孔子之孙。相传曾受业于曾子。把儒家的道德观念"诚"说成是世界的本原，"诚者，物之终始。不诚无物"（《中庸》）。以"中庸"为其学说的核心。

② 正名：意指辨正名分，使名实相符。语出《论语·子路篇》。

③ 废辄立郢：春秋时卫国的一段史事，朱熹在《论语集注》中注引胡瑗语："卫世子蒯聩耻其母南子之淫乱，欲杀之，不果而出奔。灵公欲立公子郢，郢辞。公卒，夫人立之，又辞，乃立蒯聩之子辄以拒蒯聩。"

④ 底（zhǐ）豫：得到欢乐。《孟子·离娄上》："舜尽事亲之道，而瞽瞍底豫。"

臣、父父、子子[1]，名正言顺，一举而可为政于天下矣。孔子正名，或是如此。”

二十七

澄在鸿胪寺[2]仓居[3]，忽家信至，言儿病危。澄心甚忧闷不能堪。

先生曰：“此时正宜用功。若此时放过，闲时讲学何用？人正要在此等时磨炼。父之爱子，自是至情。然天理亦自有个中和处，过即是私意。人于此处多认做天理当忧，则一向忧苦，不知已是‘有所忧患，不得其正[4]’。大抵七情[5]所感，多只是过，少不及者。才过，便非心之本体，必须调停适中始得。就如父母之丧。人子岂不欲一哭便死，方快于心；然却曰‘毁不灭性[6]’，非圣人强制之也，天理本体自有分限，不可过也。人但

---

① 君君、臣臣、父父、子子：语出《论语·颜渊篇》。意为君要像君，臣要像臣，父要像父，子要像子，都要遵守各自的行为规范，这样天下才能太平。

② 鸿胪寺：官署名。秦及汉初，九卿中有典客，汉武帝时改名“大鸿胪”，后渐为赞襄礼仪之官。北齐始置鸿胪寺。掌诸侯王及少数民族首领迎送、接待、朝会、封授等礼仪，及赞导郊庙行礼、管理郡国计吏等事宜。主官为鸿胪寺卿。王阳明于正德九年（1514）升任南京鸿胪寺卿，陆澄从学于此。

③ 仓居：暂住。一说在仓库居住。

④ 有所忧患，不得其正：语出《大学》。

⑤ 七情：指人的七种感情。儒家以喜、怒、哀、惧、爱、恶、欲为七情（见《礼记·礼运》）。

⑥ 毁不灭性：意思是孝子不能过度哀伤而伤害性命。语出《孝经·丧亲章》。

要识得心体，自然增减分毫不得。”

二十八

“不可谓‘未发之中’常人俱有。盖‘体用一源[①]’，有是体即有是用；有‘未发之中’，即有‘发而皆中节之和’。今人未能有‘发而皆中节之和’，须知是他‘未发之中’亦未能全得。”

二十九

“《易》之辞是‘初九，潜龙勿用[②]’六字，《易》之象是初画，《易》之变是值其画，《易》之占是用其辞。”

三十

“‘夜气[③]’，是就常人说。学者能用功，则日间有事无事，皆是此气翕聚[④]发生处。圣人则不消说夜气。”

---

① 体用一源：语出程颐《易传序》：“至微者理也，至著者象也。体用一源，显微无间。”

② 初九，潜龙勿用：《周易·乾卦》爻辞。初九，指乾卦第一爻。“潜，隐也。龙下隐地，潜德不彰，是以君子韬光待时，未成其行，故曰勿用。”

③ 夜气：比喻晚上静思时纯净清明的心境。《孟子·告子上》：“夜气不足以存，则其违禽兽不远矣。”

④ 翕（xī）聚：会聚。

三十一

澄问"操存舍亡[①]"章。

曰："'出入无时，莫知其乡'，此虽就常人心说，学者亦须是知得心之本体亦元是如此。则操存功夫始没病痛；不可便谓出为亡，入为存。若论本体，元是无出无入的；若论出入，则其思虑运用是出。然主宰常昭昭在此，何出之有？既无所出，何入之有？程子所谓'腔子[②]'，亦只是天理而已。虽终日应酬而不出天理，即是在腔子里。若出天理，斯谓之放，斯谓之亡。"

又曰："出入亦只是动静，动静无端，岂有乡邪？"

三十二

王嘉秀[③]问："佛以出离生死诱人入道，仙以长生久视[④]诱人入道，其心亦不是要人做不好。究其极至，亦是见得圣人上一截。然非入道正路。如今仕者，有由科，有由贡，有由传奉，一般做到大官。毕竟非入仕正路，君子不由也。仙、佛到极处，与儒者略同，但有了上一截，遗了下一截[⑤]，终不似圣人之全。然

---

① 操存舍亡：语出《孟子·告子上》。操，抓住，把握住。舍，放弃。

② 腔子：指躯体或胸腹。

③ 王嘉秀：字实夫。王阳明的学生，好谈佛道。

④ 长生久视：指长生不老。语出《道德经》。

⑤ 但有了上一截，遗了下一截：上一截，指上达。下一截，指下学。当时程朱理学占据统治地位，讲求"道问学"，造成儒学支离现象严重，孔子的学问被分成了两部分，即上、下两截。上一截谈性与道，即《大学》中格物、致知、诚意、正心、修身；下一截讲齐家、治国、平天下。王阳明不同意这种看法。

其上一截同者，不可诬也。后世儒者，又只得圣人下一截，分裂失真，流而为记诵、词章、功利、训诂，亦卒不免为异端。是四家者，终身劳苦，于身心无分毫益。视彼仙、佛之徒，清心寡欲，超然于世累之外者，反若有所不及矣。今学者不必先排仙、佛，且当笃志为圣人之学。圣人之学明，则仙、佛自泯；不然，则此之所学，恐彼或有不屑，而反欲其俯就，不亦难乎？鄙见如此，先生以为何如？”

先生曰：“所论大略亦是。但谓上一截、下一截，亦是人见偏了如此。若论圣人大中至正之道，彻上彻下，只是一贯，更有甚上一截、下一截？‘一阴一阳之谓道’，但仁者见之便谓之仁，知者见之便谓之智，百姓又日用而不知。故君子之道鲜矣。仁、智岂可不谓之道？但见得偏了，便有弊病。”

三十三

“蓍[①]固是《易》，龟亦是《易》。”

三十四

问：“孔子谓武王未尽善[②]，恐亦有不满意？”

先生曰：“在武王自合如此。”

---

① 蓍（shī）：古人占卜用的蓍草茎，因亦以为占卦的代称。《易·系辞上》：“蓍之德圆而神。”

② 孔子谓武王未尽善：语出《论语·八佾篇》：“子谓《韶》，尽美矣，又尽善也。谓《武》，尽美矣，未尽善也。”

曰："使文王未没，毕竟如何？"

曰："文王在时，天下三分已有其二[①]；若到武王伐商之时，文王若在，或者不致兴兵，必然这一分亦来归了。文王只善处纣，使不得纵恶而已。"

三十五

问："孟子言'执中无权犹执一[②]'。"

先生曰："中只是天理，只是易。随时变易，如何执得？须是因时制宜，难预先定一个规矩在。如后世儒者，要将道理一一说得无罅漏[③]，立定个格式，此正是执一。"

三十六

唐诩[④]问："立志是常存个善念，要为善去恶否？"

曰："善念存时，即是天理。此念即善，更思何善？此念非恶，更去何恶？此念如树之根芽，立志者长立此善念而已。'从心所欲不逾矩[⑤]'，只是志到熟处。"

---

① 天下三分已有其二：语出《论语·泰伯篇》："三分天下有其二，以服事殷。周之德，其可谓至德也已矣。"

② 执中无权犹执一：语出《孟子·尽心上》："子莫执中，执中为近之，执中无权，犹执一也。所恶执一者，为其贼道也，举一而废百也。"

③ 罅（xià）漏：漏洞。

④ 唐诩：江西人。王阳明的弟子。

⑤ 从心所欲不逾矩：语出《论语·为政篇》："七十而从心所俗，不逾矩。"

三十七

“精神、道德、言动，大率收敛为主，发散是不得已。天地人物皆然。”

三十八

问：“文中子是如何人？”

先生曰：“文中子庶几‘具体而微[①]’，惜其蚤死。”

问：“如何却有续经之非？”

曰：“续经亦未可尽非。”

请问。

良久，曰：“更觉‘良工心独苦[②]’。”

三十九

“许鲁斋[③]谓儒者‘以治生为先’之说，亦误人。”

---

① 具体而微：语出《孟子·公孙丑上》。

② 良工心独苦：语出杜甫《题李尊师松树障子歌》。意为优秀的工匠匠心独运，却因此而常受到庸人的非议，与一般俗人又无法沟通，所以很苦闷。这句话是对文中子的赞扬。

③ 许鲁斋：许衡（1209—1281），宋元之际理学家。字仲平，号鲁斋，河内（今河南沁阳）人。与姚枢、窦默等讲程朱理学。其学对程朱理学的传播和朱陆合流有一定影响。

四十

问仙家元气、元神、元精[1]。

先生曰："只是一件。流行为气，凝聚为精，妙用为神。"

四十一

"喜、怒、哀、乐，本体自是中和的。才自家着些意思，便过、不及，便是私。"

四十二

问"哭则不歌[2]"。

先生曰："圣人心体，自然如此。"

四十三

"克己须要扫除廓清，一毫不存方是。有一毫在，则众恶相引而来。"

---

① 元气、元神、元精：陈荣捷曰："道家炼丹工夫以人未有此身，先有三元。一气之妙用为元神，一气之流行为元气，一气之凝聚为元精。所谓气，非呼吸之气；精，非交感之精；神，非思虑之神，而乃元始要素，谓之三元，亦称三华。连元性、元情，谓之五元。"

② 哭则不歌：语出《论语·述而篇》："子于是日哭则不歌。"

四十四

问《律吕新书》[1]。

先生曰："学者当务为急，算得此数熟，亦恐未有用，必须心中先具礼、乐之本方可。且如其书说，多用管以候气[2]，然至冬至那一刻时，管灰之飞或有先后须臾之间，焉知那管正值冬至之刻？须自心中先晓得冬至之刻始得，此便有不通处。学者须先从礼乐本原上用功。"

四十五

曰仁云："心犹镜也。圣人心如明镜，常人心如昏镜。近世格物之说，如以镜照物，照上用功。不知镜尚昏在，何能照？先生之格物，如磨镜而使之明，磨上用功，明了后亦未尝废照。"

四十六

问道之精粗。

先生曰："道无精粗；人之所见有精粗。如这一间房，人

---

① 《律吕新书》：音乐论著。南宋蔡元定撰。约成书于淳熙十三年（1186）。分上下两卷。上卷《律吕本原》十三篇，下卷《律吕证辨》十篇。朱熹作序。主要探讨音律中的旋宫问题，提出十八律的理论。

② 候气：占验节气的变化。古人将苇膜烧成灰，放在律管内，到某一节气，相应律管内的灰就会自行飞出，据此可预测节气的变化。

初进来，只见一个大规模如此；处久，便柱壁之类，一一看得明白；再久，如柱上有些文藻，细细都看出来，然只是一间房。”

四十七

先生曰：“诸公近见时少疑问，何也？人不用功，莫不自以为已知，为学只循而行之是矣。殊不知私欲日生，如地上尘，一日不扫便又有一层。着实用功，便见道无终穷，愈探愈深，必使精白无一毫不彻方可。”

四十八

问：“知至然后可以言诚意。今天理、人欲知之未尽，如何用得克己工夫？”

先生曰：“人若真实切己用功不已，则于此心天理之精微日见一日，私欲之细微亦日见一日。若不用克己工夫，终日只是说话而已，天理终不自见，私欲亦终不自见。如人走路一般，走得一段方认得一段，走到歧路处，有疑便问，问了又走，方渐能到得欲到之处。今人于已知之天理不肯存，已知之人欲不肯去，且只管愁不能尽知。只管闲讲，何益之有？且待克得自己无私可克，方愁不能尽知，亦未迟在。”

四十九

问："道一而已[①]。古人论道往往不同，求之亦有要乎？"

先生曰："道无方体[②]，不可执着。却拘滞于文义上求道，远矣。如今人只说天，其实何尝见天？谓日、月、风、雷即天，不可；谓人、物、草、木不是天，亦不可。道即是天，若识得时，何莫而非道？人但各以其一隅之见认定，以为道止如此，所以不同。若解向里寻求，见得自己心体，即无时无处不是此道。亘古亘今，无终无始，更有甚同异？心即道，道即天，知心则知道、知天。"

又曰："诸君要实见此道，须从自己心上体认，不假外求始得。"

五十

问："名物度数，亦须先讲求否？"

先生曰："人只要成就自家心体，则用在其中。如养得心体，果有未发之中，自然有发而中节之和，自然无施不可。苟无是心，虽预先讲得世上许多名物度数，与己原不相干，只是装缀临时，自行不去。亦不是将名物度数全然不理，只要'知所先后，则近道[③]'。"

---

① 道一而已：语出《孟子·滕文公上》。

② 道无方体：语出《周易·系辞上》。

③ 知所先后，则近道：语出《大学》。

又曰："人要随才成就。才是其所能为，如夔[1]之乐，稷[2]之种，是他资性合下便如此。成就之者，亦只是要他心体纯乎天理。其运用处，皆从天理上发来，然后谓之'才'。到得纯乎天理处，亦能'不器'。使夔、稷易艺而为，当亦能之。"

又曰："如'素富贵行乎富贵，素患难行乎患难'，皆是'不器'，此惟养得心体正者能之。"

五十一

"与其为数顷无源之塘水，不若为数尺有源之井水，生意不穷。"

时先生在塘边坐，旁有井，故以之喻学云。

五十二

问："世道日降，太古时气象如何复见得？"

先生曰："一日便是一元[3]。人平旦时起坐，未与物接，此心清明景象，便如在伏羲时游一般。"

---

① 夔（kuí）：尧舜时乐官。

② 稷（jì）：后稷。古代周族始祖。姬姓。传说有邰氏之女姜嫄踏巨人脚迹，怀孕而生，因一度被弃，故名"弃"。善于种植粮食作物，为舜的稷官，主管农事，教民耕种。周族认为他是开始种稷、麦的人。后世祀为谷神。

③ 一元：古代术数家的说法，以四千六百十七岁为"一元"。

五十三

问："心要逐物，如何则可？"

先生曰："人君端拱清穆，六卿[①]分职，天下乃治。心统五官[②]，亦要如此。今眼要视时，心便逐在色上；耳要听时，心便逐在声上。如人君要选官时，便自去坐在吏部；要调军时，便自去坐在兵部。如此，岂惟失却君体，六卿亦皆不得其职。"

五十四

"善念发而知之，而充之；恶念发而知之，而遏之。知与充与遏者，志也，天聪明也。圣人只有此，学者当存此。"

五十五

澄曰："好色、好利、好名等心，固是私欲，如闲思杂虑，如何亦谓之私欲？"

先生曰："毕竟从好色、好利、好名等根上起，自寻其根便见。如汝心中决知是无有做劫盗的思虑，何也？以汝元无是心也。汝若于货、色、名、利等心，一切皆如不做劫盗之心一般，都消灭了，光光只是心之本体，看有甚闲思虑？此便是

---

① 六卿：隋、唐以后吏、户、礼、兵、刑、工六部尚书的合称。

② 心统五官：语出《荀子·天论》："耳目鼻口形能，各有接而不相能也，夫是之谓天官。心居中虚，以治五官，夫是之谓天君。"

‘寂然不动[①]’，便是‘未发之中’，便是‘廓然大公[②]’。自然‘感而遂通’，自然‘发而中节’，自然‘物来顺应’。”

五十六

问“志至气次[③]”。

先生曰：“‘志之所至，气亦至焉’之谓，非‘极至次贰’之谓。‘持其志’，则养气在其中。‘无暴其气’，则亦持其志矣。孟子救告子[④]之偏，故如此夹持说。”

五十七

问：“先儒曰：‘圣人之道，必降而自卑。贤人之言，则引而自高。’如何？”

先生曰：“不然。如此，却乃伪也。圣人如天，无往而非天。三光[⑤]之上，天也；九地之下，亦天也。天何尝有降而自

---

① 寂然不动：与下文“感而遂通”，语出《周易·系辞上》：“寂然不动，感而遂通天下之故。”

② 廓然大公：与下文“物来顺应”，语出程颢《答横渠张子厚先生书》：“故君子之学，莫若廓然而大公，物来而顺应。”

③ 志至气次：语出《孟子·公孙丑上》：“夫志，气之帅也；气，体之充也。夫志，至焉；气，次焉，故曰：‘持其志，无暴其气。’”

④ 告子：战国时人。名不详。一说名不害。提出性无善恶论，认为：“人性之无分于善不善也，犹水之无分于东西也。”又说“生之谓性”，“食色，性也”（见《孟子·告子上》）。同孟子的性善论对立。

⑤ 三光：指日、月、星。

卑？此所谓大而化之[①]也。贤人如山岳，守其高而已。然百仞[②]者不能引而为千仞，千仞者不能引而为万仞，是贤人未尝引而自高也，引而自高则伪矣。”

五十八

问：“伊川谓‘不当于喜怒哀乐未发之前求中’，延平[③]却教学者看未发之前气象，何如？”

先生曰：“皆是也。伊川恐人于未发前讨个中，把中做一物看，如吾向所谓认气定时做中，故令只于涵养省察上用功。延平恐人未便有下手处，故令人时时刻刻求未发前气象，使人正目而视惟此，倾耳而听惟此，即是‘戒慎不睹，恐惧不闻[④]’的工夫。皆古人不得已诱人之言也。”

五十九

澄问：“喜怒哀乐之中和，其全体常人固不能有，如一件小

---

① 大而化之：光大德业，以化万民。语出《孟子·尽心下》：“充实而有光辉之谓大，大而化之之谓圣。”

② 仞：古代长度单位。据陶方琦《说文仞字八尺考》谓一仞周制为八尺，汉制为七尺，东汉末则为五尺六寸。

③ 延平：李侗（tóng）（1093—1163），南宋理学家。字愿中，人称“延平先生”，南剑州剑浦（今福建南平）人。朱熹曾从游其门。他认为万物统一于天理，只是天理的变现。提出“理与心一”，主张“默坐澄心，体认天理”的认识方法。肯定儒学和佛道等“异端”的不同在于掌握“理一分殊”之旨。

④ 戒慎不睹，恐惧不闻：语出《中庸》。

事当喜怒者，平时无有喜怒之心，至其临时，亦能中节，亦可谓之中和乎？”

先生曰：“在一时一事，固亦可谓之中和，然未可谓之大本、达道[①]。人性皆善，中和是人人原有的，岂可谓无？但常人之心既有所昏蔽，则其本体虽亦时时发见，终是暂明暂灭，非其全体大用矣。无所不中，然后谓之大本；无所不和，然后谓之达道。惟天下之至诚，然后能立天下之大本。”

曰：“澄于‘中’字之义尚未明。”

曰：“此须自心体认出来，非言语所能喻。‘中’只是天理。”

曰：“何者为天理？”

曰：“去得人欲，便识天理。”

曰：“天理何以谓之‘中’？”

曰：“无所偏倚。”

曰：“无所偏倚是何等气象？”

曰：“如明镜然，全体莹彻，略无纤尘染着。”

曰：“偏倚是有所染着，如着在好色、好利、好名等项上，方见得偏倚。若未发时，美色、名、利皆未相着，何以便知其有所偏倚？”

---

① 大本、达道：语出《中庸》：“中也者，天下之大本也；和也者，天下之达道也。”

曰："虽未相着，然平日好色、好利、好名之心，原未尝无。既未尝无，即谓之有。既谓之有，则亦不可谓无偏倚。譬之病疟[1]之人，虽有时不发，而病根原不曾除，则亦不得谓之无病之人矣。须是平日好色、好利、好名等项一应私心，扫除荡涤，无复纤毫留滞，而此心全体廓然，纯是天理，方可谓之喜怒哀乐未发之中，方是天下之大本。"

六十

问："'颜子没而圣学亡[2]'，此语不能无疑。"

先生曰："见圣道之全者惟颜子，观'喟然一叹'可见。其谓'夫子循循然善诱人，博我以文，约我以礼[3]'，是见破后如此说。博文约礼，如何是善诱人？学者须思之。道之全体，圣人亦难以语人，须是学者自修自悟。颜子'虽欲从之，末由也已'，即文王'望道未见[4]'意。望道未见，乃是真见。颜子没，而圣学之正派遂不尽传矣。"

---

① 疟（nüè）：病名。即疟疾。

② 颜子没而圣学亡：语出王阳明《别湛甘泉序》。

③ 夫子循循然善诱人，博我以文，约我以礼：语出《论语·子罕篇》。

④ 望道未见：语出《孟子·离娄下》。

六十一

问："身之主为心，心之灵明是知，知之发动是意，意之所着为物，是如此否？"

先生曰："亦是。"

"只存得此心常见在，便是学。过去未来事，思之何益？徒放心耳！"

"言语无序，亦足以见心之不存。"

六十二

尚谦[1]问孟子之"不动心"与告子异[2]。

先生曰："告子是硬把捉着此心，要他不动；孟子却是集义到自然不动。"

又曰："心之本体原自不动。心之本体即是性，性即是理。性元不动，理元不动。集义是复其心之本体。"

六十三

"万象森然时，亦冲漠无朕；冲漠无朕，即万象森然。冲漠无朕者，'一'之父；万象森然者，'精'之母。'一'中有'精'，'精'中有'一'。"

---

① 尚谦：薛侃（1486—1546），字尚谦，号中离，广东揭阳人。王阳明的弟子，富有文采。

② 孟子之"不动心"与告子异：语出《孟子·公孙丑上》。

六十四

“心外无物。如吾心发一念孝亲，即孝亲便是物。”

六十五

先生曰：“今为吾所谓格物之学者，尚多流于口耳。况为口耳之学者，能反于此乎？天理人欲，其精微必时时用力省察克治，方日渐有见。如今一说话之间，虽只讲天理，不知心中倏忽之间，已有多少私欲。盖有窃发而不知者，虽用力察之，尚不易见，况徒口讲而可得尽知乎？今只管讲天理来顿放着不循，讲人欲来顿放着不去，岂格物致知之学？后世之学，其极至，只做得个‘义袭而取[1]’的工夫。”

六十六

问格物。

先生曰：“格者，正也，正其不正以归于正也。”

六十七

问：“知止者，知至善只在吾心，元不在外也，而后志定。”

曰：“然。”

---

① 义袭而取：语出《孟子·公孙丑上》。

六十八

问："格物于动处用功否？"

先生曰："格物无间动静，静亦物也。孟子谓'必有事焉[1]'，是动静皆'有事'。"

六十九

"工夫难处，全在格物致知上，此即诚意之事。意既诚，大段心亦自正，身亦自修。但正心修身工夫，亦各有用力处。修身是'已发'边，正心是'未发'边。心正则'中'，身修则'和'。"

七十

"自'格物致知'至'平天下'，只是一个'明明德'。虽'亲民'，亦'明德'事也。'明德'是此心之德，即是仁。'仁者以天地万物为一体'，使有一物失所，便是吾仁有未尽处。"

七十一

"只说'明明德'而不说'亲民'，便似老、佛。"

---

① 必有事焉：语出《孟子·公孙丑上》。

七十二

“至善者，性也。性元无一毫之恶，故曰至善。止之，是复其本然而已。”

七十三

问：“知至善即吾性，吾性具吾心，吾心乃至善所止之地，则不为向时之纷然外求，而志定矣。定则不扰扰而静，静而不妄动则安，安则一心一意只在此处。千思万想，务求必得此至善，是能虑而得矣。如此说是否？”

先生曰：“大略亦是。”

七十四

问：“程子云‘仁者以天地万物为一体’，何墨氏‘兼爱’[①]反不得谓之仁？”

先生曰：“此亦甚难言，须是诸君自体认出来始得。仁是造化生生不息之理，虽弥漫周遍，无处不是，然其流行发生，亦只有个渐，所以生生不息。如冬至一阳生，必自一阳生而后渐渐至于六

---

① 墨氏“兼爱”：墨子（约前468—前376），春秋战国之际思想家、政治家，墨家的创始人。名翟。宋国人，后长期住在鲁国。曾学儒术，因不满其烦琐的“礼”，另立新说，聚徒讲学，成为儒家的主要反对派。兼爱，墨子用语。指一种以人人平等相爱为特征的爱人原则。认为爱人当“兼”而不“别”，不分亲疏远近、尊卑上下，做到“爱无差等”（见《孟子·滕文公上》）。由此就能避免国与国、家与家、人与人相互攻伐、篡夺，实现天下和谐。

阳[①]；若无一阳之生，岂有六阳？阴亦然，惟其渐，所以便有个发端处，惟其有个发端处，所以生；惟其生，所以不息。譬之木，其始抽芽，便是木之生意发端处；抽芽然后发干，发干然后生枝生叶，然后是生生不息。若无芽，何以有干有枝叶？能抽芽，必是下面有个根在。有根方生，无根便死。无根何从抽芽？父子兄弟之爱，便是人心生意发端处，如木之抽芽。自此而仁民，而爱物，便是发干生枝生叶。墨氏兼爱无差等，将自家父子兄弟与途人一般看，便自没了发端处。不抽芽，便知得他无根，便不是生生不息，安得谓之仁？孝弟为仁之本，却是仁理从里面发生出来。”

七十五

问：“延平云‘当理而无私心[②]’，当理与无私心，如何分别？”

先生曰：“心即理也。无私心即是当理，未当理便是私心。若析心与理言之，恐亦未善。”

又问：“释氏于世间一切情欲之私，都不染着，似无私心；但外弃人伦，却似未当理。”

曰：“亦只是一统事，都只是成就他一个私己的心。”

右门人陆澄录

---

① 渐渐至于六阳：这是先天八卦中从震卦（一阳初生）到乾卦（六爻皆阳）的运动，代表阳气的生发规律。

② 当理而无私心：李侗语，语出《延平答问》。指既合天理又没有私心。

薛侃录

一

侃问："持志如心痛，一心在痛上，安有工夫说闲话，管闲事？"

先生曰："初学工夫，如此用亦好，但要使知'出入无时，莫知其乡'。心之神明原是如此，工夫方有着落。若只死死守着，恐于工夫上又发病。"

二

侃问："专涵养而不务讲求，将认欲作理。则如之何？"

先生曰："人须是知学，讲求亦只是涵养，不讲求，只是涵养之志不切。"

曰："何谓知学？"

曰："且道为何而学？学个甚？"

曰："尝闻先生教，学是学存天理。心之本体即是天理。体认天理，只要自心地无私意。"

曰："如此则只须克去私意便是，又愁甚理欲不明？"

曰："正恐这些私意认不真。"

曰："总是志未切。志切，目视耳听皆在此，安有认不真的道理？是非之心，人皆有之，不假外求。讲求亦只是体当自心所见，不成去心外别有个见？”

三

先生问在坐之友：“比来工夫何似？”

一友举虚明[1]意思。先生曰：“此是说光景。”

一友叙今昔异同。先生曰：“此是说效验。”

二友惘然，请是。

先生曰：“吾辈今日用功，只是要为善之心真切。此心真切，见善即迁，有过即改[2]，方是真切工夫。如此，则人欲日消，天理日明。若只管求光景、说效验，却是助长外驰病痛，不是工夫。”

四

朋友观书，多有摘议晦庵者。

先生曰：“是有心求异，即不是。吾说与晦庵时有不同者，为入门下手处有毫厘千里[3]之分，不得不辩。然吾之心与晦庵之心未尝异也。若其余文义解得明当处，如何动得一字？”

五

希渊问：“圣人可学而至，然伯夷、伊尹于孔子，才力终不同，其同谓之圣者安在？”

---

① 虚明：指心境之虚灵、明净。

② 见善即迁，有过即改：语出《周易·益卦·象传》。

③ 毫厘千里：语出《史记·太史公自序》：“失之豪厘，差以千里。”豪，通“毫”。比喻因细小的错失而终铸成大错。

先生曰："圣人之所以为圣，只是其心纯乎天理，而无人欲之杂；犹精金之所以为精，但以其成色足而无铜铅之杂也。人到纯乎天理方是圣，金到足色方是精。然圣人之才力，亦有大小不同，犹金之分两有轻重。尧、舜犹万镒[1]，文王、孔子犹九千镒，禹、汤、武王犹七八千镒，伯夷、伊尹犹四五千镒。才力不同，而纯乎天理则同，皆可谓之圣人；犹分两虽不同，而足色则同，皆可谓之精金。以五千镒者而入于万镒之中，其足色同也；以夷、尹而厕之尧、孔之间，其纯乎天理同也。盖所以为精金者，在足色，而不在分两；所以为圣者，在纯乎天理，而不在才力也。故虽凡人，而肯为学，使此心纯乎天理，则亦可为圣人；犹一两之金，比之万镒，分两虽悬绝，而其到足色处，可以无愧。故曰'人皆可以为尧、舜[2]'者以此。学者学圣人，不过是去人欲而存天理耳。犹炼金而求其足色，金之成色所争不多，则煅炼之工省，而功易成。成色愈下，则煅炼愈难。人之气质，清浊粹驳，有中人以上、中人以下；其于道，有生知安行、学知利行。其下者必须人一己百、人十己千[3]，及其成功则一。后世不知作圣之本是纯乎天理，却专去知识才能上求圣人，以为圣人无所不知、无所不能。我须是将圣人许多知识才能逐一理会始得。故不务去天理上着工夫，徒弊精竭力，从册子上钻研、名物上考索、形迹上比拟。知识愈广而人欲愈滋，才力愈多而天理愈蔽。正如见人有万镒精金，不务煅炼成色、求无愧于

---

① 镒（yì）：古代重量单位，一镒为二十两或二十四两。

② 人皆可以为尧、舜：语出《孟子·告子下》。

③ 人一己百、人十己千：语出《中庸》。

彼之精纯，而乃妄希分两，务同彼之万镒。锡、铅、铜、铁杂然而投，分两愈增而成色愈下，既其梢末，无复有金矣。”

时曰仁在旁，曰：“先生此喻足以破世儒支离之惑，大有功于后学。”

先生又曰：“吾辈用功，只求日减，不求日增。减得一分人欲，便是复得一分天理。何等轻快脱洒！何等简易！”

六

士德[①]问曰：“格物之说，如先生所教，明白简易，人人见得；文公[②]聪明绝世，于此反有未审，何也？”

先生曰：“文公精神气魄大，是他早年合下便要继往开来，故一向只就考索著述上用功。若先切己自修，自然不暇及此。到得德盛后，果忧道之不明，如孔子退修六籍，删繁就简，开示来学，亦大段不费甚考索。文公早岁便著许多书，晚年方悔是倒做了。”

士德曰：“晚年之悔，如谓‘向来定本之悮[③]’，又谓‘虽读得书，何益于吾事[④]’，又谓‘此与守书籍，泥言语，全无交涉[⑤]’，是他到此方悔从前用功之错，方去切己自修矣。”

---

① 士德：杨骥，字士德。王阳明的学生。

② 文公：朱熹死后谥“文”，故称。

③ 向来定本之悮：悮，原作“悟”，据德安府重刊本、王畿本、孙应奎本、水西精舍本、胡宗宪本、郭朝宾本等版本改。语出朱熹《答黄直卿书》“此是向来定本之误”。

④ 虽读得书，何益于吾事：语出朱熹《答吕子约》。

⑤ “此与”句：语出朱熹《答何叔京》。“书籍”，朱子原文作“书册”。

曰：“然。此是文公不可及处。他力量大，一悔便转。可惜不久即去世，平日许多错处皆不及改正。”

七

侃去花间草，因曰：“天地间何善难培、恶难去？”

先生曰：“未培、未去耳。”少间，曰：“此等看善恶，皆从躯壳起念，便会错。”

侃未达。

曰：“天地生意，花草一般，何曾有善恶之分？子欲观花，则以花为善，以草为恶。如欲用草时，复以草为善矣。此等善恶，皆由汝心好恶所生，故知是错。”

曰：“然则无善无恶乎？”

曰：“无善无恶者理之静，有善有恶者气之动。不动于气，即无善无恶，是谓至善。”

曰：“佛氏亦无善无恶，何以异？”

曰：“佛氏着在无善无恶上，便一切都不管，不可以治天下。圣人无善无恶，只是‘无有作好[①]’‘无有作恶’，不动于气；然‘遵王之道’‘会其有极’，便自一循天理，便有个‘裁成’‘辅相’[②]。”

---

① 无有作好：与下文“无有作恶”“遵王之道”“会其有极”，语出《尚书·洪范》。

② “裁成”“辅相”：语出《周易·泰卦·象传》。裁成，成就。辅相，辅助、帮助。

曰："草既非恶，即草不宜去矣？"

曰："如此却是佛、老意见。草若有碍，何妨汝去？"

曰："如此又是作好作恶？"

曰："不作好恶，非是全无好恶，却是无知觉的人。谓之不作者，只是好恶一循于理。不去，又着一分意思。如此，即是不曾好恶一般。"

曰："去草如何是一循于理，不着意思？"

曰："草有妨碍，理亦宜去，去之而已。偶未即去，亦不累心。若着了一分意思，即心体便有贻累，便有许多动气处。"

曰："然则善恶全不在物？"

曰："只在汝心。循理便是善，动气便是恶。"

曰："毕竟物无善恶？"

曰："在心如此，在物亦然。世儒惟不知此，舍心逐物，将格物之学错看了，终日驰求于外，只做得个'义袭而取'，终身行不著，习不察[①]。"

曰："'如好好色，如恶恶臭'，则如何？"

曰："此正是一循于理，是天理合如此，本无私意作好作恶。"

曰："'如好好色，如恶恶臭'，安得非意？"

---

① 行不著，习不察：语出《孟子·尽心上》。

曰："却是诚意，不是私意。诚意只是循天理。虽是循天理，亦着不得一分意。故有所忿懥[1]、好乐，则不得其正，须是廓然大公，方是心之本体。知此，即知未发之中。"

伯生曰："先生云'草有妨碍，理亦宜去'，缘何又是躯壳起念？"

曰："此须汝心自体当。汝要去草，是甚么心？周茂叔[2]窗前草不除，是甚么心？"

八

先生谓学者曰："为学须得个头脑，工夫方有着落。纵未能无间，如舟之有舵，一提便醒。不然，虽从事于学，只做个'义袭而取'，只是行不著，习不察，非大本、达道也。"

又曰："见得时，横说竖说皆是。若于此处通，彼处不通，只是未见得。"

---

① 忿懥（zhì）：愤懑、愤激。

② 周茂叔：周敦颐（1017—1073），北宋理学家。字茂叔，道州营道（今湖南道县）人。曾官大理寺丞、国子博士。因筑室庐山莲花峰下的小溪上，以濂溪名之，后人遂称"濂溪先生"。继承《易传》《中庸》和道教思想，依托道士陈抟的《无极图》，创制《周子太极图》，提出了简单而有系统的宇宙构成论。他提出的太极、理、气、性、命等，成为宋明理学的基本范畴，他本人也成为理学的创始人之一。

九

或问为学以亲故，不免业举之累。

先生曰："以亲之故而业举为累于学，则治田以养其亲者亦有累于学乎？先正云'惟患夺志[①]'，但恐为学之志不真切耳。"

十

崇一[②]问："寻常意思多忙，有事固忙，无事亦忙，何也？"

先生曰："天地气机，元无一息之停，然有个主宰，故不先不后，不急不缓。虽千变万化，而主宰常定，人得此而生。若主宰定时，与天运一般不息，虽酬酢万变，常是从容自在，所谓'天君泰然，百体从令[③]'。若无主宰，便只是这气奔放，如何不忙？"

十一

先生曰："为学大病在好名。"

侃曰："从前岁自谓此病已轻，比来精察，乃知全未。岂必务外为人？只闻誉而喜，闻毁而闷，即是此病发来。"

曰："最是。名与实对，务实之心重一分，则务名之心轻

---

① 惟患夺志：程颐语，语出《河南程氏外书》。

② 崇一：欧阳德（1496—1554），字崇一，号南野，江西泰和人。王阳明的弟子。

③ 天君泰然，百体从令：语出宋范浚《心箴》。

一分。全是务实之心，即全无务名之心。若务实之心如饥之求食、渴之求饮，安得更有工夫好名？”

又曰：“‘疾没世而名不称[①]’，‘称’字去声读，亦‘声闻过情，君子耻之[②]’之意。实不称名，生犹可补，没则无及矣。‘四十、五十而无闻[③]’，是不闻道，非无声闻也。孔子云：‘是闻也，非达也[④]。’安肯以此望人？”

十二

侃多悔。

先生曰：“悔悟是去病之药，然以改之为贵。若留滞于中，则又因药发病[⑤]。”

十三

德章曰：“闻先生以精金喻圣，以分两喻圣人之分量，以锻炼喻学者之工夫，最为深切。惟谓尧、舜为万镒，孔子为九千镒，疑未安。”

先生曰：“此又是躯壳上起念，故替圣人争分两。若不从躯

---

① 疾没世而名不称：语出《论语·卫灵公篇》：“君子疾没世而名不称焉。”疾，痛恨。

② 声闻过情，君子耻之：语出《孟子·离娄下》。

③ 四十、五十而无闻：语出《论语·子罕篇》。

④ 是闻也，非达也：语出《论语·颜渊篇》。

⑤ 因药发病：典出《大智度论》，其文略云：“又如服药，药能破病，病已得破，药亦应出。若药不出，则复是病。”

壳上起念，即尧、舜万镒不为多，孔子九千镒不为少。尧、舜万镒只是孔子的，孔子九千镒，只是尧、舜的，原无彼我。所以谓之圣，只论精一，不论多寡。只要此心纯乎天理处同，便同谓之圣。若是力量气魄，如何尽同得？后儒只在分两上较量，所以流入功利。若除去了比较分两的心，各人尽着自己力量精神，只在此心纯天理上用功，即人人自有，个个圆成[①]，便能大以成大，小以成小，不假外慕，无不具足。此便是实实落落、明善诚身的事。后儒不明圣学，不知就自己心地良知良能[②]上体认扩充，却去求知其所不知，求能其所不能，一味只是希高慕大，不知自己是桀、纣心地，动辄要做尧、舜事业，如何做得？终年碌碌，至于老死，竟不知成就了个甚么，可哀也已！”

十四

侃问：“先儒以心之静为体，心之动为用，如何？”

先生曰：“心不可以动静为体用。动、静，时也。即体而言，用在体；即用而言，体在用，是谓体用一源。若说静可以见其体，动可以见其用，却不妨。”

十五

问：“上智下愚如何不可移[③]？”

---

① 人人自有，个个圆成：语出圆悟克勤《碧岩录》。

② 良知良能：语出《孟子·尽心上》。

③ 上智下愚如何不可移：语出《论语·阳货篇》。

先生曰："不是不可移，只是不肯移。"

十六

问"子夏门人问交[①]"章。

先生曰："子夏是言小子之交，子张是言成人之交。若善用之，亦俱是。"

十七

子仁[②]问："'学而时习之，不亦说乎[③]？'先儒以学为'效先觉之所为[④]'，如何？"

先生曰："学是学去人欲，存天理。从事于去人欲，存天理，则自正。诸先觉考诸古训，自下许多问辨思索存省克治工夫，然不过欲去此心之人欲，存吾心之天理耳。若曰'效先觉之所为'，则只说得学中一件事，亦似专求诸外了。'时习'者，'坐如尸[⑤]'，非专习坐也，坐时习此心也。'立如斋'，非专习

① 子夏门人问交：语出《论语·子张篇》。

② 子仁：冯恩，明代文学家。字子仁，号南江，华亭（今上海市松江区）人。嘉靖进士，以行人劳王守仁军，因执贽为弟子。擢南京御史，以极论大学士张璁、方献夫及右都御史汪鋐奸状，诏下狱论死，有"四铁御史"之称。

③ 学而时习之，不亦说乎：语出《论语·学而篇》。

④ 效先觉之所为：语出朱熹《论语集注》。

⑤ 坐如尸：与下文"立如斋"，语出《礼记·曲礼》："若夫坐如尸，立如齐，礼从宜，使从俗"。

立也，立时习此心也。‘说’是‘理义之说我心[①]’之‘说’。人心本自说理义，如目本说色，耳本说声，惟为人欲所蔽所累，始有不说。今人欲日去，则理义日浃洽[②]。安得不说？”

十八

国英[③]问：“曾子三省[④]虽切，恐是未闻一贯[⑤]时功夫。”

先生曰：“一贯是夫子见曾子未得用功之要，故告之。学者果能忠恕上用功，岂不是一贯？‘一’如树之根本，‘贯’如树之枝叶。未种根，何枝叶之可得？体用一源，体未立，用安从生？谓‘曾子于其用处，盖已随事精察而力行之，但未知其体之一[⑥]’，此恐未尽。”

十九

黄诚甫[⑦]问“汝与回也，孰愈[⑧]”章。

---

① 理义之说我心：语出《孟子·告子上》。

② 浃洽（jiā qià）：原作“洽浃”，据孙应奎本、张问达本改。浃洽，意为深入沾润，遍及。

③ 国英：陈桀，字国英，号方岩，福建莆田人。正德三年（1508）进士，授景宁县知县。正德九年（1514），升南京湖广道监察御史。当时王阳明讲学南都，陈桀乃从之游。

④ 曾子三省：语出《论语·学而篇》。

⑤ 一贯：一以贯之。语出《论语·里仁篇》。

⑥ “曾子”句：语出朱熹《论语集注》。

⑦ 黄诚甫：黄宗明，字诚甫，号致斋。生年不详，卒于嘉靖十五年（1536）十一月。正德九年（1514）进士。历官南京兵部员外郎、礼部侍郎。王阳明弟子。

⑧ 汝与回也，孰愈：语出《论语·公冶长篇》。

先生曰：“子贡多学而识，在闻见上用功。颜子在心地上用功，故圣人问以启之。而子贡所对又只在知见上，故圣人叹惜之，非许之也。”

“颜子不迁怒，不贰过[①]，亦是有未发之中始能。”

二十

“种树者必培其根，种德者必养其心。欲树之长，必于始生时删其繁枝；欲德之盛，必于始学时去夫外好。如外好诗文，则精神日渐漏泄在诗文上去，凡百外好皆然。”

又曰：“我此论学，是无中生有的工夫，诸公须要信得及只是立志。学者一念为善之志，如树之种，但勿助勿忘[②]，只管培植将去，自然日夜滋长，生气日完，枝叶日茂。树初生时，便抽繁枝，亦须刊落，然后根干能大。初学时亦然，故立志贵专一。”

二十一

因论先生之门，某人在涵养上用功，某人在识见上用功。

先生曰：“专涵养者，日见其不足；专识见者，日见其有余。日不足者，日有余矣；日有余者，日不足矣。”

---

① 颜子不迁怒，不贰过：意为不拿别人出气，不犯同样的过失。语出《论语·雍也篇》。

② 勿助勿忘：语出《孟子·公孙丑上》。

二十二

梁日孚[1]问："居敬、穷理是两事[2]，先生以为一事，何如？"

先生曰："天地间只有此一事，安有两事？若论万殊，礼仪三百，威仪三千[3]，又何止两？公且道居敬是如何？穷理是如何？"

曰："居敬是存养工夫，穷理是穷事物之理。"

曰："存养个甚？"

曰："是存养此心之天理。"

曰："如此，亦只是穷理矣。"

曰："且道如何穷事物之理？"

曰："如事亲便要穷孝之理，事君便要穷忠之理。"

曰："忠与孝之理在君亲身上，在自己心上？若在自己心上，亦只是穷此心之理矣。且道如何是敬？"

曰："只是'主一'。"

"如何是'主一'？"

曰："如读书便一心在读书上，接事便一心在接事上。"

曰："如此，则饮酒便一心在饮酒上，好色便一心在好色

---

① 梁日孚：梁焯（1482—1528），字日孚。正德九年（1514）进士。梁日孚尝过赣，从王阳明先生学，"辨问居敬穷理，恍然有悟"。参见黄宗羲《明儒学案·粤闽王门学案》。

② 居敬、穷理是两事：语出朱熹《朱子语类》。居敬，居心恭敬、慎重。穷理，通晓事物之理。这是程颐、朱熹一派的重要修养方法。

③ 礼仪三百，威仪三千：语出《中庸》。

上，却是逐物，成甚居敬功夫！”

日孚请问。

曰：“一者，天理。主一是一心在天理上。若只知‘主一’，不知一即是理，有事时便是逐物，无事时便是着空。惟其有事无事，一心皆在天理上用功，所以居敬亦即是穷理。就穷理专一处说，便谓之居敬；就居敬精密处说，便谓之穷理。却不是居敬了，别有个心穷理，穷理时别有个心居敬。名虽不同，功夫只是一事。就如《易》言：‘敬以直内，义以方外[①]。’敬即是无事时义，义即是有事时敬，两句合说一件。如孔子言‘修己以敬[②]’，即不须言义；孟子言‘集义’，即不须言敬。会得时，横说竖说，工夫总是一般。若泥文逐句，不识本领，即支离决裂，工夫都无下落。”

问：“穷理何以即是尽性？”

曰：“心之体，性也，性即理也。穷仁之理，真要仁极仁；穷义之理，真要义极义。仁、义只是吾性，故穷理即是尽性。如孟子说‘充其恻隐之心，至仁不可胜用’，这便是穷理工夫。”

日孚曰：“先儒谓‘一草一木亦皆有理，不可不察’，如何？”

---

① 敬以直内，义以方外：意为以敬心矫正内在的思想，以义德规范外在的行为。语出《周易·坤卦·文言》。

② 修己以敬：意为以慎重心来修养自己。语出《论语·宪问篇》。

先生曰："夫我则不暇[1]。公且先去理会自己性情，须能尽人之性，然后能尽物之性。"

日孚悚然有悟。

二十三

惟乾[2]问："知如何是心之本体？"

先生曰："知是理之灵处。就其主宰处说，便谓之心；就其禀赋处说，便谓之性。孩提之童，无不知爱其亲，无不知敬其兄[3]。只是这个灵能不为私欲遮隔，充拓得尽，便完完[4]是他本体，便与天地合德[5]。自圣人以下，不能无蔽，故须格物以致其知。"

二十四

守衡问："《大学》工夫只是诚意，诚意工夫只是格物、修齐、治平，只诚意尽矣，又有'正心之功，有所忿懥好乐，则不得其正'，何也？"

先生曰："此要自思得之。知此则知'未发之中矣'。"

---

① 夫我则不暇：意为没有时间做与修道无关的事情。语出《论语·宪问篇》。

② 惟乾：冀元亨（1482—1521），字惟乾，武陵（今湖南常德）人。王阳明的弟子，践履功夫极高。

③ "孩提之童"句：语出《孟子·尽心上》。孩提，指儿童。

④ 完完：完整无缺貌。

⑤ 与天地合德：语出《周易·乾卦·文言》："夫大人者，与天地合其德，与日月合其明，与四时合其序，与鬼神合其吉凶。"

守衡再三请。

曰："为学工夫有浅深，初时若不着实用意去好善恶恶，如何能为善去恶？这着实用意便是诚意。然不知心之本体原无一物，一向着意去好善恶恶，便又多了这分意思，便不是廓然大公。《书》所谓'无有作好作恶'，方是本体。所以说'有所忿懥好乐，则不得其正'。正心只是诚意工夫里面体当自家心体，常要鉴空衡平[①]，这便是'未发之中'。"

二十五

正之[②]问："戒惧是己所不知时工夫，慎独是己所独知时工夫，此说如何？"

先生曰："只是一个工夫。无事时固是独知，有事时亦是独知。人若不知于此独知之地用力，只在人所共知处用功，便是作伪，便是'见君子而后厌然[③]'。此独知处便是诚的萌芽。此处不论善念恶念，更无虚假，一是百是，一错百错，正是王霸、义利、诚伪、善恶界头。于此一立立定，便是端本澄源，便是立诚。古人许多诚身的工夫，精神命脉，全体只在此处，真是莫见莫显，无时无处，无终无始，只是此个工夫。今若又分戒惧为己所不知，即工夫便支离，亦有间断。既戒惧，即是知。己若不

---

① 鉴空衡平：语出朱熹《大学或问》。

② 正之：黄弘纲（1492—1561），字正之，号洛村，江西人。官至刑部主事。王阳明的学生。

③ 见君子而后厌然：意为小人见到君子后掩饰自己的恶行。语出《大学》。

知，是谁戒惧？如此见解，便要流入断灭禅定。”

曰：“不论善念恶念，更无虚假，则独知之地，更无无念时邪？”

曰：“戒惧亦是念。戒惧之念，无时可息。若戒惧之心稍有不存，不是昏聩，便已流入恶念。自朝至暮，自少至老，若要无念，即是己不知，此除是昏睡，除是槁木死灰。”

二十六

志道[①]问：“荀子云‘养心莫善于诚[②]’，先儒非之[③]，何也？”

先生曰：“此亦未可便以为非。‘诚’字有以工夫说者。诚是心之本体，求复其本体，便是思诚的工夫。明道说‘以诚敬存之[④]’，亦是此意。《大学》：‘欲正其心，先诚其意。’荀子之言固多病，然不可一例吹毛求疵。大凡看人言语，若先有个意见，便有过当处。‘为富不仁’之言，孟子有取于阳虎[⑤]。此便见圣贤大公之心。”

---

① 志道：林达，字志道，号愧吾，福建莆田人。林俊之子。王阳明门人。《明史·林俊传》云，林达“正德九年（1514）进士，官至南京吏部郎中，工篆籀，能古文”。

② 养心莫善于诚：语出《荀子·不苟》：“君子养心莫善于诚，致诚则无它事矣。”

③ 先儒非之：语出《河南程氏遗书》。

④ 以诚敬存之：语出《河南程氏遗书》。

⑤ 孟子有取于阳虎：指孟子在谈话中引用阳虎的话。语出《孟子·滕文公上》。阳虎，又叫“阳货”，春秋后期鲁国季孙氏家臣。

二十七

萧惠问："己私难克，奈何？"

先生曰："将汝己私来替汝克[①]。"

先生曰："人须有为己之心，方能克己；能克己，方能成己。"

萧惠曰："惠亦颇有为己之心，不知缘何不能克己？"

先生曰："且说汝有为己之心是如何？"

惠良久曰："惠亦一心要做好人，便自谓颇有为己之心。今思之，看来亦只是为得个躯壳的己，不曾为个真己。"

先生曰："真己何曾离着躯壳！恐汝连那躯壳的己也不曾为。且道汝所谓躯壳的己，岂不是耳、目、口、鼻、四肢？"

惠曰："正是。为此，目便要色，耳便要声，口便要味，四肢便要逸乐，所以不能克。"

先生曰："'美色令人目盲，美声令人耳聋，美味令人口爽，驰骋田猎令人发狂[②]'，这都是害汝耳、目、口、鼻、四肢的，岂得是为汝耳、目、口、鼻、四肢？若为着耳、目、口、鼻、四肢时，便须思量耳如何听，目如何视，口如何言，

① 替汝克：《景德传灯录》记载慧可与达摩的对话："光曰：'我心未宁，乞师与安。'师曰：'将心来与汝安。'曰：'觅心了不可得。'师曰：'我与汝安心竟。'"

② "美色令人目盲"四句：语出《道德经》。意为过度的感官享受使人的身心受到极大损害。爽，差错。

四肢如何动；必须非礼勿视、听、言、动[①]，方才成得个耳、目、口、鼻、四肢，这个才是为着耳、目、口、鼻、四肢。汝今终日向外驰求，为名、为利，这都是为着躯壳外面的物事。汝若为着耳、目、口、鼻、四肢，要非礼勿视、听、言、动时，岂是汝之耳、目、口、鼻、四肢自能勿视、听、言、动，须由汝心。这视、听、言、动皆是汝心。汝心之视，发窍[②]于目；汝心之听，发窍于耳；汝心之言，发窍于口；汝心之动，发窍于四肢。若无汝心，便无耳、目、口、鼻。所谓汝心，亦不专是那一团血肉。若是那一团血肉，如今已死的人，那一团血肉还在，缘何不能视、听、言、动？所谓汝心，却是那能视、听、言、动的，这个便是性，便是天理。有这个性，才能生。这性之生理，便谓之仁。这性之生理，发在目，便会视；发在耳，便会听；发在口，便会言；发在四肢，便会动，都只是那天理发生。以其主宰一身，故谓之心。这心之本体，原只是个天理，原无非礼。这个便是汝之真己，这个真己是躯壳的主宰。若无真己，便无躯壳。真是有之即生，无之即死。汝若真为那个躯壳的己，必须用着这个真己，便须常常保守着这个真己的本体，'戒慎不睹，恐惧不闻'，惟恐亏损了他一些。才有一毫非礼萌动，便如刀割，如针刺，忍耐不过，必须去了刀，拔了针。这才是有为己之心，方能克己。汝今正是认贼作

① 非礼勿视、听、言、动：语出《论语·颜渊篇》。

② 发窍：窍，指耳、目、口、鼻等器官之孔。发窍，指打开耳、目、口、鼻等器官之孔，引申为显露、显现。

子，缘何却说有为己之心，不能克己？”

二十八

有一学者病目，戚戚甚忧。

先生曰：“尔乃贵目贱心！”

二十九

萧惠好仙、释。

先生警之曰：“吾亦自幼笃志二氏，自谓既有所得，谓儒者为不足学。其后居夷三载，见得圣人之学若是其简易广大，始自叹悔错用了三十年气力。大抵二氏之学，其妙与圣人只有毫厘之间。汝今所学，乃其土苴[①]，辄自信自好若此，真鸱鸮窃腐鼠[②]耳！”

惠请问二氏之妙。

先生曰：“向汝说圣人之学简易广大，汝却不问我悟的，只问我悔的。”

惠惭谢，请问圣人之学。

先生曰：“汝今只是了人事问，待汝办个真要求为圣人的心来与汝说。”

惠再三请。

先生曰：“已与汝一句道尽，汝尚自不会。”

---

① 土苴（zhǎ）：粪草。比喻轻贱之物。

② 鸱鸮（chī xiāo）窃腐鼠：语出《庄子·秋水》。鸱鸮，猫头鹰一类的鸟。

三十

刘观时[①]问："'未发之中'是如何？"

先生曰："汝但戒慎不睹，恐惧不闻，养得此心纯是天理，便自然见。"

观时请略示气象。

先生曰："哑子吃苦瓜[②]，与你说不得。你要知此苦，还须你自吃。"

时曰仁在旁，曰："如此才是真知，即是行矣。"

一时在座诸友皆有省。

三十一

萧惠问死生之道。

先生曰："知昼夜，即知死生[③]。"

问昼夜之道。

曰："知昼则知夜。"

---

① 刘观时：字易仲，湖广辰州（今湖南沅陵）人。王阳明弟子。蒋道林《明贡士刘沙溪先生墓志铭》云："先生讳观时，易仲其字，沙溪其别号，生弘治己酉月日，卒嘉靖己亥月日，以十一月三日葬沙溪渔山。"

② 哑子吃苦瓜：典出普济《五灯会元》卷十四："瑞州洞山微禅师，上堂：'日暖风和柳眼青，冰消鱼跃浪花生。当锋妙得空王印，半夜昆仑戴雪行。'僧问：'如何是默默相应底事？'师曰：'哑子吃苦瓜。'"

③ 知昼夜，即知死生：语出《河南程氏遗书》。程颐曰："'通乎昼夜之道而知'，昼夜，死生之道也。知生之道，则知死之道；尽事人之道，则尽事鬼之道。死生人鬼，一而二、二而一者也。"

曰："昼亦有所不知乎？"

先生曰："汝能知昼？懵懵而兴，蠢蠢而食，行不著，习不察，终日昏昏，只是梦昼。惟'息有养，瞬有存[①]'，此心惺惺明明，天理无一息间断，才是能知昼。这便是天德，便是'通乎昼夜之道而知[②]'，更有甚么死生？"

三十二

马子莘问："'修道之教'，旧说谓'圣人品节吾性之固有，以为法于天下，若礼、乐、刑、政之属'，此意如何？"

先生曰："道即性即命。本是完完全全，增减不得，不假修饰的，何须要圣人品节？却是不完全的物件。礼、乐、刑、政，是治天下之法，固亦可谓之教，但不是子思本旨。若如先儒之说，下面由教入道的，缘何舍了圣人礼、乐、刑、政之教，别说出一段戒慎恐惧工夫？却是圣人之教为虚设矣。"

子莘请问。

先生曰："子思性、道、教，皆从本原上说。天命于人，则命便谓之性；率性而行，则性便谓之道；修道而学，则道便谓之教。率性是诚者事，所谓'自诚明，谓之性[③]'也；修道是诚之者事，所谓'自明诚，谓之教'也。圣人率性而行，即是道。圣

① 息有养，瞬有存：语出张载《正蒙·有德篇》。

② 通乎昼夜之道而知：意为通晓了昼夜阴阳的变化规律，就会领悟天地宇宙的运动规律。语出《周易·系辞上》。

③ 自诚明，谓之性：与下文"自明诚，谓之教"，语出《中庸》。

人以下未能率性于道，未免有过不及，故须修道。修道则贤知者不得而过，愚不肖者不得而不及，都要循着这个道，则道便是个教。此‘教’字与‘天道至教[①]’‘风雨霜露，无非教也[②]’之‘教’同。‘修道’字与‘修道以仁[③]’同。人能修道，然后能不违于道，以复其性之本体，则亦是圣人率性之道矣。下面‘戒慎恐惧’，便是修道的工夫，‘中和’便是复其性之本体。如《易》所谓‘穷理尽性以至于命[④]’。‘中和位育[⑤]’便是尽性至命。”

三十三

黄诚甫问：“先儒以孔子告颜渊为邦[⑥]之问，是‘立万世常行之道[⑦]’，如何？”

先生曰：“颜子具体圣人[⑧]，其于为邦的大本大原，都已完

① 天道至教：语出《礼记·礼器》。
② 风雨霜露，无非教也：语出《礼记·孔子闲居》。
③ 修道以仁：语出《中庸》。
④ 穷理尽性以至于命：语出《周易·说卦传》。
⑤ 中和位育：语出《中庸》。
⑥ 孔子告颜渊为邦：典出《论语·卫灵公篇》：“颜渊问为邦。子曰：‘行夏之时，乘殷之辂，服周之冕，乐则《韶》舞。放郑声，远佞人。郑声淫，佞人殆。’”
⑦ 立万世常行之道：朱熹《论语集注》引言：“盖三代之制，皆因时损益。及其久也，不能无弊。周衰，圣人不作。故孔子斟酌先王之礼，立万世常行之道，发此以为之兆尔。”
⑧ 颜子具体圣人：典出《孟子·公孙丑上》：“昔者窃闻之：子夏、子游、子张皆有圣人之一体，冉牛、闵子、颜渊则具体而微。”朱熹注云：“一体，犹一肢也。具体而微，谓有其全体，但未广大耳。”

备。夫子平日知之已深，到此都不必言，只就制度文为上说。此等处亦不可忽略，须要是如此方尽善。又不可因自己本领是当了，便于防范上疏阔，须是要‘放郑声，远佞人’。盖颜子是个克己向里、德上用心的人，孔子恐其外面末节或有疏略，故就他不足处帮补说。若在他人，须告以‘为政在人，取人以身，修身以道，修道以仁’‘达道’‘九经’，及‘诚身’许多工夫，方始做得，这个方是万世常行之道。不然，只去行了夏时，乘了殷辂，服了周冕，作了《韶》舞，天下便治得？后人但见颜子是孔门第一人，又问个为邦，便把做天大事看了。”

三十四

蔡希渊问：“文公《大学》新本，先‘格致’而后‘诚意’工夫，似与首章次第相合。若如先生从旧本之说，即‘诚意’反在‘格致’之前。于此尚未释然。”

先生曰：“《大学》工夫即是‘明明德’。‘明明德’只是个‘诚意’。‘诚意’的工夫只是‘格物’‘致知’。若以‘诚意’为主，去用‘格物’‘致知’的工夫，即工夫始有下落。即为善去恶，无非是‘诚意’的事。如新本先去穷格事物之理，即茫茫荡荡，都无着落处。须用添个‘敬’字，方才牵扯得向身心上来，然终是没根源。若须用添个‘敬’字，缘何孔门倒将一个最紧要的字落了，直待千余年后要人来补出？正谓以‘诚意’为主，即不须添‘敬’字，所以提出个‘诚意’来说，正是学问的大头脑处。于此不察，真所谓毫厘之差，千里之谬。大抵《中庸》工夫只是‘诚身’，‘诚身’之极便是‘至诚’。《大学》工夫只是‘诚意’，‘诚意’之极便是‘至善’。工夫总是一般。今说这里补个‘敬’字，那里补个‘诚’字，未免画蛇添足[①]。”

右门人薛侃录

① 画蛇添足：比喻多此一举，弄巧成拙。典出《战国策·齐策二》。

中卷

钱德洪[1]序

德洪曰：昔南元善[2]刻《传习录》于越，凡二册。下册摘录先师手书，凡八篇。其答徐成之二书，吾师自谓："天下是朱非陆，论定既久，一旦反之为难，二书姑为调停两可之说，使人自思得之。"[3]故元善录为下册之首者，意亦以是欤？

今朱、陆之辨明于天下久矣。洪刻先师《文录》，置二书于《外集》者，示未全也，故今不复录。其余指知行之本体，莫详于答人论学[4]与答周道通[5]、陆清伯、欧阳崇一四书。而谓

---

① 钱德洪（1496—1574）：明代理学家。本名宽，字洪甫，号绪山，浙江余姚人。嘉靖进士。曾任苏学教授、国子监丞，官至刑部郎中。王阳明的弟子。在江浙宣歙楚广各地讲学三十年，传播王学。

② 南元善：南大吉（1487—1541），字元善，号瑞泉，陕西渭南人。正德六年（1511）进士。历户部郎中，出任绍兴府知府。亦王阳明弟子。嘉靖三年（1524）十月，南大吉任知府期间，续刻《传习录》于越（绍兴）。

③ "吾师自谓"句：语出《王阳明全集》卷二十一《答徐成之》。

④ 答人论学：指《答顾东桥书》。顾东桥即顾璘（1476—1545），字华玉，号东桥居士，苏州人，寓居上元（今属江苏南京）。弘治九年（1496）进士，授官广平（今属河北）知县。累官至南京刑部尚书。

⑤ 周道通：周冲（1485—1532），字道通，号静庵，常州宜兴人。其在万安，闻王阳明讲道于虔州，立刻前往受业。后又从学于湛若水，说"湛师之体认天理，即王师之致良知也"。

格物为学者用力日可见之地，莫详于答罗整庵[1]一书。平生冒天下之非诋推陷，万死一生，遑遑然不忘讲学，惟恐吾人不闻斯道，流于功利机智，以日堕于夷狄禽兽而不觉，其一体同物之心，譊譊终身，至于毙而后已。此孔孟以来贤圣苦心，虽门人子弟未足以慰其情也。是情也，莫详于答聂文蔚[2]之第一书。

此皆仍元善所录之旧。而揭“必有事焉”即“致良知”功夫，明白简切，使人言下即得入手，此又莫详于答文蔚之第二书，故增录之。元善当时汹汹，乃能以身明斯道，卒至遭奸被斥[3]，油油然惟以此生得闻斯学为庆，而绝无有纤芥愤郁不平之气。斯录之刻，人见其有功于同志甚大，而不知其处时之甚艰也。今所去取，裁之时义则然，非忍有所加损于其间也。

---

① 罗整庵：罗钦顺（1465—1547），明代思想家。字允升，号整庵，泰和（今属江西）人。弘治进士。官至南京吏部尚书。早年笃信佛学，后断然舍弃，谓“释氏之明心见性，与吾儒之尽心知性，相似而实不同”。

② 聂文蔚：聂豹（1487—1563），明代理学家。字文蔚，号双江，永丰（今属江西）人。正德进士。曾任兵部尚书，官至太子太保。推崇王阳明的“致良知”学说，以王阳明弟子自称。

③ 遭奸被斥：指嘉靖五年（1526）春，南大吉入京觐见，以考察罢官事。

答顾东桥书

一

来书云："近时学者，务外遗内，博而寡要，故先生特倡'诚意'一义，针砭膏肓，诚大惠也！"

吾子洞见时弊如此矣，亦将何以救之乎？然则鄙人之心，吾子固已一句道尽，复何言哉！复何言哉！若"诚意"之说，自是圣门教人用功第一义，但近世学者乃作第二义看，故稍与提掇紧要出来，非鄙人所能特倡也。

二

来书云："但恐立说太高，用功太捷，后生师传，影响谬误，未免坠于佛氏明心见性[①]、定慧[②]、顿悟[③]之机，无怪闻者见疑。"

区区格、致、诚、正之说，是就学者本心日用事为间，体

---

① 明心见性：佛教禅宗的主要修持方法。意谓"心"是可以转变的（转迷为悟），但"性"是永远不变的，因此只要悟了自心本性（即佛性），就能成佛。对宋明理学有重大影响。

② 定慧：定指禅定，慧指智慧，与戒（戒律）合称佛教"三学"。

③ 顿悟：与"渐悟"相对。佛教指无需烦琐仪式和长期修习，一旦把握佛教真理，即可突然觉悟。由东晋道生首倡。

究践履，实地用功，是多少次第、多少积累在！正与空虚、顿悟之说相反。闻者本无求为圣人之志，又未尝讲究其详，遂以见疑，亦无足怪。若吾子之高明，自当一语之下便了然矣。乃亦谓“立说太高，用功太捷”，何邪？

三

来书云：“所喻知行并进，不宜分别前后，即《中庸》‘尊德性而道问学’之功交养互发，内外本末一以贯之之道。然工夫次第，不能无先后之差，如知食乃食，知汤乃饮，知衣乃服，知路乃行。未有不见是物，先有是事。此亦毫厘倏忽之间，非谓截然有等，今日知之而明日乃行也。”

既云“交养互发、内外本末一以贯之”，则知行并进之说，无复可疑矣。又云“工夫次第，不能无先后之差”。无乃自相矛盾已乎？“知食乃食”等说，此尤明白易见，但吾子为近闻[1]障蔽，自不察耳。夫人必有欲食之心，然后知食。欲食之心即是意，即是行之始矣。食味之美恶，必待入口而后知，岂有不待入口而已先知食味之美恶者邪？必有欲行之心，然后知路。欲行之心即是意，即是行之始矣。路岐之险夷，必待身亲履历而后知，岂有不待身亲履历而已先知路岐之险夷者邪？“知汤乃饮，知衣乃服”，以此例之，皆无可疑。若如吾子之喻，是乃所谓“不见是物而先有是事”者矣。吾子又谓“此亦毫厘倏忽

① 近闻：指朱熹倡导的“知先行后”的观点。

之间，非谓截然有等，今日知之而明日乃行也”，是亦察之尚有未精。然就如吾子之说，则知行之为合一并进，亦自断无可疑矣。

四

来书云：“真知即所以为行，不行不足谓之知，此为学者吃紧立教，俾务躬行则可。若真谓行即是知，恐其专求本心，遂遗物理，必有暗而不达之处，抑岂圣门知行并进之成法哉？”

知之真切笃实处即是行，行之明觉精察处即是知。知行工夫本不可离，只为后世学者分作两截用功，失却知行本体，故有合一并进之说。“真知即所以为行，不行不足谓之知”，即如来书所云“知食乃食”等说可见，前已略言之矣。此虽吃紧救弊而发，然知行之体本来如是，非以己意抑扬其间，姑为是说，以苟一时之效者也。

“专求本心，遂遗物理”，此盖失其本心者也。夫物理不外于吾心，外吾心而求物理，无物理矣。遗物理而求吾心，吾心又何物邪？心之体，性也，性即理也。故有孝亲之心，即有孝之理；无孝亲之心，即无孝之理矣。有忠君之心，即有忠之理；无忠君之心，即无忠之理矣。理岂外于吾心邪？晦庵谓“人之所以为学者，心与理而已。心虽主乎一身，而实管乎天下之理；理虽散在万事，而实不外乎一人之心”，是其一分一合之间，而未免已启学者心理为二之弊。此后世所以有“专求本心，遂遗物理”之患，正由不知心即理耳。夫外心以求物理，是以有暗而不达之处。此告子“义外”之说①，孟子所以谓之不知义也②。心一而已，以其全体恻怛③而言谓之仁，以其得宜而言谓之义，以其条理而言谓之理。不可外心以求仁，不可外心以求义，独可外心以求理乎？外心以求理，此知行之所以二也。求理于吾心，此圣门知行合一之教，吾子又何疑乎？

五

来书云：“所释《大学》古本，谓‘致其本体之知’，此固孟子尽心之旨，朱子亦以虚灵知觉为此心之量。然‘尽心’由于‘知性’，‘致知’在于‘格物’。”

“尽心由于知性，致知在于格物”，此语然矣。然而推本吾子之意，则其所以为是语者，尚有未明也。朱子以尽心、知性、知天为物格、知致，以存心、养性、事天为诚意、正心、修身，以夭寿不贰，修身以俟为知至、仁尽，圣人之事。④若鄙人之见，则与朱子正相反矣。夫尽心、知性、知天者，生知安行⑤，圣人之事也；存心、养性、事天者，学知利行，贤人之事也；夭寿不贰，修身以俟者，困知勉行，学者之事也。岂可专以

---

① 此告子“义外”之说：语出《孟子·告子上》。

② 孟子所以谓之不知义也：语出《孟子·公孙丑上》。告子将仁和义分开，认为仁在心内，义在心外。孟子专门批评过这种见解。

③ 恻怛（cè dá）：同情，哀怜。

④ “朱子以尽心、知性、知天为物格、知致”句：语出朱熹《孟子集注》：“尽心知性而知天，所以造其理也；存心养性以事天，所以履其事也。……知天而不以夭寿贰其心，智之尽也；事天而能修身以俟死，仁之至也。”

⑤ 生知安行：与下文“学知利行”“困知勉行”，语出《中庸》。

尽心、知性为知，存心、养性为行乎？吾子骤闻此言，必又以为大骇矣。然其间实无可疑者，一为吾子言之。

夫心之体，性也；性之原，天也。能尽其心，是能尽其性矣。《中庸》云："惟天下至诚，为能尽其性。"又云："知天地之化育，质诸鬼神而无疑，知天也。"此惟圣人而后能然，故曰：此"生知安行，圣人之事也"。

存其心者，未能尽其心者也，故须加存之之功。必存之既久，不待于存而自无不存，然后可以进而言尽。盖"知天"之"知"，如"知州""知县"之"知"。知州则一州之事皆己事也，知县则一县之事皆己事也，是与天为一者也。事天则如子之事父，臣之事君，犹与天为二也。天之所以命于我者，心也，性也，吾但存之而不敢失，养之而不敢害，如"父母全而生之，子全而归之[1]"者也。故曰：此"学知利行，贤人之事也"。至于"夭寿不贰"，则与存其心者又有间矣。存其心者虽未能尽其心，固已一心于为善，时有不存则存之而已。

今使之夭寿不贰，是犹以夭寿贰其心者也。犹以夭寿贰其心，是其为善之心犹未能一也。存之尚有所未可，而何尽之可云乎？今且使之不以夭寿贰其为善之心。若曰死生夭寿皆有定命，吾但一心于为善，修吾之身以俟天命而已，是其平日尚未知有天命也。事天虽与天为二，然已真知天命之所在，但惟恭敬

---

① 父母全而生之，子全而归之：语出《礼记·祭义》。意为父母把子女完好地生下来，子女要好好地保全身体发肤，等到死时完完整整地归还给父母，这才是孝。这是周朝时孝的标准。

奉承之而已耳。若俟之云者，则尚未能真知天命之所在，犹有所俟者也，故曰“所以立命”。“立”者“创立”之“立”，如“立德”“立言”“立功”“立名”[①]之类。凡言“立”者，皆是昔未尝有而今始建立之谓，孔子所谓“不知命，无以为君子”者也。故曰：此“困知勉行，学者之事也”。

今以尽心、知性、知天为格物、致知，使初学之士尚未能不贰其心者，而遽责之以圣人生知安行之事，如捕风捉影，茫然莫知所措。其心几何而不至于“率天下而路[②]”也？今世致知格物之弊，亦居然可见矣。吾子所谓“务外遗内，博而寡要”者，无乃亦是过欤？此学问最紧要处。于此而差，将无往而不差矣。此鄙人之所以冒天下之非笑，忘其身之陷于罪戮，呶呶其言，有不容已者也。

六

来书云：“闻语学者乃谓‘即物穷理[③]之说，亦是玩物丧

---

① “立德”“立言”“立功”“立名”：“立德”“立言”“立功”，语出《左传·襄公二十四年》：“大上有立德，次有立功，其次有立言，虽久不废，此之谓不朽。”“立名”，典出《史记·伯夷列传》。

② 率天下而路：语出《孟子·滕文公上》。

③ 即物穷理：意为通过接触事物来研究事物的道理。语出朱熹《大学章句·格物致知补传》。

志[1]'，又取其'厌繁就约[2]''涵养本原[3]'数说，标示学者，指为晚年定论，此亦恐非。"

朱子所谓"格物"云者，在即物而穷其理也[4]。即物穷理，是就事事物物上求其所谓定理者也，是以吾心而求理于事事物物之中，析心与理而为二矣。夫求理于事事物物者，如求孝之理于其亲之谓也。求孝之理于其亲，则孝之理其果在于吾之心邪？抑果在于亲之身邪？假而果在于亲之身，则亲没之后，吾心遂无孝之理欤？见孺子之入井，必有恻隐之理，是恻隐之理果在于孺子之身欤？抑在于吾心之良知欤？其或不可以从之于井欤？其或可以手而援之欤？是皆所谓理也。是果在于孺子之身欤？抑果出于吾心之良知欤？以是例之，万事万物之理莫不皆然，是可以知析心与理为二之非矣。夫析心与理而为二，此告子义外之说，孟子之所深辟也。务外遗内，博而寡要，吾子既已知之矣，是果何谓而然哉？谓之玩物丧志，尚犹以为不可欤？若鄙人所谓致知格物者，致吾心之良知于事事物物也。吾心之良知，即所谓天理也。致吾心良知之天理于事事物物，则事事物物皆得其理矣。致吾心之良知者，致知也。事事物物皆得其理者，格物也。是合心与理而为一者也。合心与理而为一，则凡区区前之所云，与朱子晚年之论，皆可以不言而喻矣。

---

① 玩物丧志：谓沉迷于所嗜好的事物而丧失进取志向。《尚书·旅獒》："玩人丧德，玩物丧志。"

② 厌繁就约：语出朱熹《与刘子澄》。

③ 涵养本原：语出朱熹《答吕子约》。

④ 在即物而穷其理也：语出朱熹《大学章句·格物致知补传》。

七

来书云："人之心体，本无不明，而气拘物蔽，鲜有不昏。非学、问、思、辨以明天下之理，则善恶之机、真妄之辨，不能自觉，任情恣意，其害有不可胜言者矣。"

此段大略似是而非。盖承沿旧说之弊，不可以不辨也。夫学、问、思、辨、行皆所以为学，未有学而不行者也。如言学孝，则必服劳奉养，躬行孝道，而后谓之学。岂徒悬空口耳讲说，而遂可以谓之学孝乎？学射，则必张弓挟矢，引满中的；学书，则必伸纸执笔，操觚染翰[①]。尽天下之学，无有不行而可以言学者，则学之始固已即是行矣。笃者，敦实笃厚之意，已行矣，而敦笃其行，不息其功之谓尔。盖学之不能以无疑，则有问。问即学也，即行也。又不能无疑，则有思。思即学也，即行也。又不能无疑，则有辨，辨即学也，即行也。辨既明矣，思既慎矣，问既审矣，学既能矣，又从而不息其功焉，斯之谓笃行，非谓学、问、思、辨之后而始措之于行也。是故以求能其事而言，谓之学；以求解其惑而言，谓之问；以求通其说而言，谓之思；以求精其察而言，谓之辨；以求履其实而言，谓之行。盖析其功而言，则有五；合其事而言，则一而已。此区区心理合一之体，知行并进之功，所以异于后世之说者，正在于是。今吾子特举学、问、思、辨以穷天下之理，而不及笃行，是专以学、

① 操觚（gū）染翰：意为提笔作文。觚，古代用来书写的木简。翰，毛笔。

问、思、辨为知，而谓穷理为无行也已。天下岂有不行而学者邪？岂有不行而遂可谓之穷理者邪？明道云："只穷理，便尽性至命[①]。"故必仁极仁，而后谓之能穷仁之理；义极义，而后谓之能穷义之理。仁极仁，则尽仁之性矣；义极义，则尽义之性矣。学至于穷理至矣，而尚未措之于行，天下宁有是邪？是故知不行之不可以为学，则知不行之不可以为穷理矣。知不行之不可以为穷理，则知知行之合一并进，而不可以分为两节事矣。夫万事万物之理，不外于吾心，而必曰穷天下之理，是殆以吾心之良知为未足，而必外求于天下之广，以裨补增益之，是犹析心与理而为二也。夫学、问、思、辨、笃行之功，虽其困勉至于人一己百，而扩充之极，至于尽性知天，亦不过致吾心之良知而已。良知之外，岂复有加于毫末乎？今必曰穷天下之理，而不知反求诸其心，则凡所谓善恶之机、真妄之辨者，舍吾心之良知，亦将何所致其体察乎？吾子所谓'气拘物蔽'者，拘此蔽此而已。今欲去此之蔽，不知致力于此，而欲以外求，是犹目之不明者，不务服药调理以治其目，而徒依依然[②]求明于其外。明岂可以自外而得哉？任情恣意之害，亦以不能精察天理于此心之良知而已。此诚毫厘千里之谬者，不容于不辨。吾子毋谓其论之太刻也。

八

来书云："教人以致知明德，而戒其即物穷理，试使昏暗之

① 只穷理，便尽性至命：语出《河南程氏遗书》。

② 依依然：迷茫不知所措貌。

士，深居端坐，不闻教告，遂能至于知致而德明乎？纵令静而有觉，稍悟本性，则亦定慧无用之见，果能知古今、达事变，而致用于天下国家之实否乎？其曰‘知者意之体，物者意之用’‘格物如“格君心之非”之“格”’。语虽超悟独得，不踵陈见，抑恐于道未相吻合？”

区区论致知格物，正所以穷理，未尝戒人穷理，使之深居端坐而一无所事也。若谓即物穷理，如前所云“务外而遗内”者，则有所不可耳。昏暗之士，果能随事随物精察此心之天理，以致其本然之良知，则“虽愚必明，虽柔必强[1]”。大本立而达道行，九经之属，可一以贯之而无遗矣，尚何患其无致用之实乎？彼顽空虚静之徒，正惟不能随事随物精察此心之天理，以致其本然之良知，而遗弃伦理，寂灭虚无以为常，是以要之不可以治家国天下。孰谓圣人穷理尽性之学，而亦有是弊哉？心者，身之主也，而心之虚灵明觉，即所谓本然之良知也。其虚灵明觉之良知，应感而动者谓之意。有知而后有意，无知则无意矣。知非意之体乎？意之所用，必有其物，物即事也。如意用于事亲，即事亲为一物；意用于治民，即治民为一物；意用于读书，即读书为一物；意用于听讼，即听讼为一物。凡意之所用，无有无物者。有是意即有是物，无是意即无是物矣，物非意之用乎？“格”字义，有以“至”字之训者，如“格于文

① 虽愚必明，虽柔必强：语出《中庸》。

祖[1]”“有苗来格[2]”，是以“至”训者也。然“格于文祖”，必纯孝诚敬，幽明之间，无一不得其理，而后谓之“格”。有苗之顽，实以文德诞敷而后格，则亦兼有“正”字之义在其间，未可专以“至”字尽之也。如“格其非心[3]”“大臣格君心之非[4]”之类，是则一皆“正其不正以归于正”之义，而不可以“至”字为训矣。且《大学》“格物”之训，又安知其不以“正”字为训，而必以“至”字为义乎？如以“至”字为义者，必曰“穷至事物之理”，而后其说始通。是其用功之要全在一“穷”字；用力之地，全在一“理”字也。若上去一“穷”、下去一“理”字，而直曰“致知在至物”，其可通乎？夫“穷理尽性”，圣人之成训，见于《系辞》者也。苟“格物”之说而果即“穷理”之义，则圣人何不直曰“致知在穷理”，而必为此转折不完之语，以启后世之弊邪？盖《大学》“格物”之说，自与《系辞》“穷理”大旨虽同，而微有分辨。“穷理”者，兼格、致、诚、正而为功也。故言“穷理”，则格、致、诚、正之功皆在其中；言“格物”，则必兼举致知、诚意、正心，而后其功始备而密。今偏举“格物”，而遂谓之穷理，此所以专以“穷理”属知，而谓“格物”未常有行。非惟不得“格物”之旨，并“穷理”之义而失之矣。此后世之学所以析知行为先后两截，日以支离决裂，而

---

① 格于文祖：语出《尚书·舜典》。

② 有苗来格：语出《尚书·大禹谟》。

③ 格其非心：语出《尚书·冏命》。

④ 大臣格君心之非：语出《孟子·离娄上》。

圣学益以残晦者，其端实始于此。吾子盖亦未免承沿积习，见则以为“于道未相吻合”，不为过矣！

九

来书云：“谓致知之功，将如何为温凊？如何为奉养？即是‘诚意’，非别有所谓‘格物’，此亦恐非。”

此乃吾子自以己意揣度鄙见而为是说，非鄙人之所以告吾子者矣。若果如吾子之言，宁复有可通乎？盖鄙人之见，则谓意欲温凊，意欲奉养者，所谓“意”也，而未可谓之“诚意”。必实行其温凊奉养之意，务求自慊而无自欺，然后谓之“诚意”。知如何而为温凊之节，知如何而为奉养之宜者，所谓“知”也，而未可谓之“致知”。必致其知如何为温凊之节者之知，而实以之温凊；致其知如何为奉养之宜者之知，而实以之奉养，然后谓之“致知”。温凊之事，奉养之事，所谓“物”也，而未可谓之“格物”。必其于温凊之事也，一如其良知之所知，当如何为温凊之节者而为之，无一毫之不尽；于奉养之事也，一如其良知之所知，当如何为奉养之宜者而为之，无一毫之不尽，然后谓之“格物”。温凊之物格，然后知温凊之良知始致；奉养之物格，然后知奉养之良知始致，故曰“物格而后知至[1]”。致其知温凊之良知，而后温凊之意始诚；致其知奉养之良知，而后奉养之意始诚，故曰“知至而后意诚”。此区区“诚意、致知、格

① 物格而后知至：与下文“知至而后意诚”，语出《大学》。

物”之说盖如此。吾子更熟思之，将亦无可疑者矣。

十

来书云：“道之大端，易于明白，所谓‘良知良能，愚夫愚妇可与及者[①]’。至于节目时变之详，毫厘千里之谬，必待学而后知。今语孝于温凊定省，孰不知之？至于舜之不告而娶[②]，武之不葬而兴师[③]，养志养口[④]，小杖大杖[⑤]，割股[⑥]庐墓[⑦]等事，处常处变，过与不及之间，必须讨论是非，以为制事之本，然后心体无蔽，临事无失。”

“道之大端，易于明白”，此语诚然。顾后之学者，忽其易于明白者而弗由，而求其难于明白者以为学，此其所以“道在迩而求诸远，事在易而求诸难[⑧]”也。孟子云：“夫道若大路然，岂难知哉？人病不由耳。”良知、良能，愚夫愚妇与圣人同。但惟圣人能致其良知，而愚夫愚妇不能致，此圣愚之所由分也。节目时变，圣人夫岂不知？但不专以此为学。而其所谓学者，正惟致其良知，以精察此心之天理，而与后世之学不同

---

① 愚夫愚妇可与及者：语出《中庸》。
② 舜之不告而娶：语出《孟子·万章上》。
③ 武之不葬而兴师：事见《史记·伯夷列传》。
④ 养志养口：典出《孟子·离娄上》。
⑤ 小杖大杖：典出《孔子家语·六本》。
⑥ 割股：古人认可的一种至孝行为，割下自己的股肉来治疗父母的重病。
⑦ 庐墓：古礼，父母或老师死后，服丧期间在墓旁搭盖小屋居住，守护坟墓，称“庐墓”。
⑧ 道在迩而求诸远，事在易而求诸难：语出《孟子·离娄上》。

耳。吾子未暇良知之致，而汲汲焉顾是之忧，此正求其难于明白者以为学之弊也。夫良知之于节目时变，犹规矩尺度之于方圆长短也。节目时变之不可预定，犹方圆长短之不可胜穷也。故规矩诚立，则不可欺以方圆，而天下之方圆不可胜用矣；尺度诚陈，则不可欺以长短，而天下之长短不可胜用矣；良知诚致，则不可欺以节目时变，而天下之节目时变不可胜应矣。毫厘千里之谬，不于吾心良知一念之微而察之，亦将何所用其学乎？是不以规矩而欲定天下之方圆，不以尺度而欲尽天下之长短，吾见其乖张谬戾，日劳而无成也已。

吾子谓："语孝于温凊定省，孰不知之？"然而能致其知者鲜矣。若谓粗知温凊定省之仪节，而遂谓之能致其知，则凡知君之当仁者，皆可谓之能致其仁之知；知臣之当忠者，皆可谓之能致其忠之知，则天下孰非致知者邪？以是而言，可以知致知之必在于行，而不行之不可以为致知也，明矣。知行合一之体，不益较然矣乎？夫舜之不告而娶，岂舜之前已有不告而娶者为之准则，故舜得以考之何典，问诸何人，而为此邪？抑亦求诸其心一念之良知，权轻重之宜，不得已而为此邪？武之不葬而兴师，岂武之前已有不葬而兴师者为之准则，故武得以考之何典，问诸何人，而为此邪？抑亦求诸其心一念之良知，权轻重之宜，不得已而为此邪？使舜之心而非诚于为无后[①]，武之心而非诚于为救民，则其不告而娶与不葬而兴师，乃不孝不忠之大者。而后之

---

① 为无后：语出《孟子·离娄上》。

人不务致其良知，以精察义理于此心感应酬酢之间，顾欲悬空讨论此等变常之事，执之以为制事之本，以求临事之无失，其亦远矣。其余数端皆可类推，则古人致知之学，从可知矣。

十一

来书云：“谓《大学》格物之说专求本心，犹可牵合。至于六经、四书所载‘多闻多见[①]’‘前言往行[②]’‘好古敏求[③]’‘博学审问’‘温故知新’‘博学详说[④]’‘好问好察[⑤]’，是皆明白求于事为之际，资于论说之间者。用功节目固不容紊矣。”

“格物”之义，前已详悉，牵合之疑，想已不俟复解矣。至于“多闻多见”，乃孔子因子张之务外好高，徒欲以多闻多见为学，而不能求诸其心，以阙疑殆，此其言行所以不免于尤悔，而所谓见闻者，适以资其务外好高而已。盖所以救子张多闻多见之病，而非以是教之为学也。夫子尝曰：“盖有不知而作之者，我无是也[⑥]。”是犹孟子“是非之心，人皆有之”之义也。此言正所以明德性之良知非由于闻见耳。若曰“多闻择其善者而从之，多见而识之”，则是专求诸见闻之末，而已落在第二义

① 多闻多见：意为通过多听、多看增长知识。语出《论语·为政篇》。
② 前言往行：语出《周易·大畜·象传》：“君子以多识前言往行，以畜其德。”
③ 好古敏求：意为喜欢古代的文化，勉力以求。语出《论语·述而篇》。
④ 博学详说：语出《孟子·离娄下》：“博学而详说之，将以反说约也。”
⑤ 好问好察：语出《中庸》：“舜好问而好察迩言。”
⑥ 盖有不知而作之者，我无是也：语出《论语·述而篇》。

矣，故曰“知之次也”。夫以见闻之知为次，则所谓知之上者果安所指乎？是可以窥圣门致知用力之地矣。夫子谓子贡曰：“赐也，汝以予为多学而识之者欤？非也，予一以贯之。”使诚在于“多学而识”，则夫子胡乃谬为是说，以欺子贡者邪？“一以贯之”，非致其良知而何？《易》曰：“君子多识前言往行，以畜其德。”夫以畜其德为心，则凡多识前言往行者，孰非畜德之事？此正知行合一之功矣。

“好古敏求”者，好古人之学而敏求此心之理耳。心即理也。学者，学此心也；求者，求此心也。孟子云：“学问之道无他，求其放心而已矣[1]。”非若后世广记博诵古人之言词以为好古，而汲汲然惟以求功名利达之具于外者也。“博学审问”，前言已尽。“温故知新”，朱子亦以“温故”属之“尊德性”矣。德性岂可以外求哉？惟夫“知新”必由于“温故”，而“温故”乃所以“知新”，则亦可以验“知”“行”之非两节矣。“博学而详说之者，将以反说约也。”若无“反约”之云，则“博学详说”者果何事邪？舜之“好问好察”，惟以用中而致其精一于道心耳。道心者，良知之谓也。君子之学，何尝离去事为而废论说？但其从事于事为论说者，要皆知行合一之功，正所以致其本心之良知，而非若世之徒事口耳谈说以为知者，分“知”“行”为两事，而果有节目先后之可言也。

---

① 学问之道无他，求其放心而已矣：语出《孟子·告子上》。放，放任。

十二

来书云："杨、墨之为仁义[①]，乡愿之辞忠信[②]，尧、舜、子之之禅让[③]，汤、武、楚项之放伐[④]，周公、莽、操之摄辅[⑤]，谩无印正，又焉适从？且于古今事变、礼乐名物，未尝考识，使国家欲兴明堂[⑥]，建辟雍[⑦]，制历律[⑧]，草封禅[⑨]，又将何所致

---

① 杨、墨之为仁义：语出《孟子·尽心上》。杨，即杨朱，战国初魏国人。先秦经籍中又称他为"杨子""阳子居"或"阳生"。相传他主张"贵己""重生""全性保真，不以物累形"（见《淮南子·氾论》），重视个人生命的保存，反对别人对自己的侵夺，也反对侵夺别人。墨，即墨翟。

② 乡愿之辞忠信：语出《论语·阳货篇》。乡愿，指不讲原则、八面玲珑，谁都不得罪的好好先生。

③ 尧、舜、子之之禅让：尧、舜之禅让，事见《史记·五帝本纪》。子之之禅让，事见《史记·燕召公世家》。

④ 汤、武、楚项之放伐：商汤放逐夏桀于南巢，周武王讨伐商纣王于牧野，项羽杀义帝而自立为西楚霸王。

⑤ 周公、莽、操之摄辅：周公在周成王年幼时摄政，待成王成年后还政于成王，为后世摄政之典范，事见《史记·周本纪》。王莽以外戚居大司马，被称为"周公再世"，汉平帝死后，他立孺子婴，自摄其政，后篡位，改国号为新，事见《汉书·王莽传》。曹操讨伐董卓，迎立汉献帝，自任丞相，挟天子以令诸侯，其子曹丕废献帝，建魏国，事见《三国志·魏书·武帝纪》。

⑥ 明堂：古代天子宣明政教的地方。凡朝会及祭祀、庆赏、选士、养老、教学等大典，均于其中举行。

⑦ 辟雍：西周天子所设大学。

⑧ 历律：谓历数、律吕也。历数，所以推节气。律吕，所以定乐律。

⑨ 封禅：古代帝王为表明自己受命于天而举行的祭祀天地的典礼。战国时齐鲁部分儒士认为五岳中泰山最高，帝王应到泰山祭祀，登泰山筑坛祭天曰"封"，在山南梁父山上辟基祭地曰"禅"。

其用乎？故《论语》曰‘生而知之’者，义理耳。若夫礼乐名物、古今事变，亦必待学而后有以验其行事之实，此则可谓定论矣。”

所喻杨、墨、乡愿、尧、舜、子之、汤、武、楚项、周公、莽、操之辨，与前舜、武之论，大略可以类推。古今事变之疑，前于良知之说，已有规矩尺度之喻，当亦无俟多赘矣。至于明堂、辟雍诸事，似尚未容于无言者。然其说甚长，姑就吾子之言而取正焉，则吾子之惑将亦可少释矣。夫明堂、辟雍之制，始见于吕氏之《月令》，汉儒之训疏。六经、四书之中，未尝详及也。岂吕氏、汉儒之知，乃贤于三代之贤圣乎？齐宣之时，明堂尚有未毁[①]，则幽、厉之世，周之明堂皆无恙也。尧、舜茅茨土阶[②]，明堂之制未必备，而不害其为治。幽、厉之明堂，固犹文、武、成、康之旧，而无救[③]于其乱。何邪？岂能“以不忍人之心，而行不忍人之政[④]”，则虽茅茨土阶，固亦明堂也。以幽、厉之心，而行幽、厉之政，则虽明堂，亦暴政所自出之地邪？武帝肇讲于汉，而武后盛作于唐[⑤]，其治乱何如邪？天子之

① 齐宣之时，明堂尚有未毁：语出《孟子·梁惠王下》。

② 茅茨土阶：茅草覆盖的屋顶，泥土砌的台阶。形容房屋简陋或生活俭朴。

③ 救：阻止。

④ 以不忍人之心，而行不忍人之政：语出《孟子·公孙丑上》：“孟子曰：‘人皆有不忍人之心。先王有不忍人之心，斯有不忍人之政矣。以不忍人之心，行不忍人之政，治天下可运之掌上。’”

⑤ 武帝肇讲于汉，而武后盛作于唐：汉武帝时曾与大臣们议论立明堂之事，武则天曾毁乾元殿而立明堂。

学曰辟雍，诸侯之学曰泮宫[①]，皆象地形而为之名耳。然三代之学，其要皆所以明人伦，非以辟不辟、泮不泮为重轻也。孔子云："人而不仁，如礼何？人而不仁，如乐何？[②]"制礼作乐，必具中和之德，声为律而身为度者[③]，然后可以语此。若夫器数之末，乐工之事，祝史之守，故曾子曰："君子所贵乎道者三，笾豆之事，则有司存也[④]。"尧"命羲、和，钦若昊天，历象日月星辰[⑤]"，其重在于"敬授人时"也。舜"在璇玑玉衡[⑥]"，其重在于"以齐七政"也。是皆汲汲然以仁民之心而行其养民之政，治历明时之本，固在于此也。

羲、和历数之学，皋、契未必能之也，禹、稷未必能之也。尧、舜之知而不遍物[⑦]，虽尧、舜亦未必能之也。然至于今，循羲和之法而世修之，虽曲知小慧之人、星术浅陋之士，亦能推步占候[⑧]而无所忒，则是后世曲知小慧之人反贤于禹、稷、尧、舜者邪？

---

① 泮（pàn）宫：西周诸侯所设大学。后泛指学官。

② "人而不仁"四句：《论语·八佾篇》。

③ 声为律而身为度者：语出《史记·夏本纪》。

④ "君子"三句：见《论语·泰伯篇》。豆和笾（biān）均是礼器，供祭祀和宴会之用。豆，木制，盛斋酱。笾，竹制，盛果脯。

⑤ "命羲、和"三句：语出《尚书·尧典》。

⑥ 在璇玑玉衡：与下文"以齐七政"，语出《尚书·舜典》。天璇、天玑、玉衡，北斗七星中的三颗。七政，指日、月、金、木、水、火、土。《尚书大传》则认为"七政者，谓春、夏、秋、冬、天文、地理、人道"。

⑦ 尧、舜之知而不遍物：语出《孟子·尽心上》。

⑧ 推步占候：推算历法，占卜天象。推步，推算天文历法。占候，观察天象变化以测吉凶。

“封禅”之说尤为不经，是乃后世佞人谀士所以求媚于其上，倡为夸侈，以荡君心而靡国费。盖欺天罔人，无耻之大者，君子之所不道，司马相如之所以见讥于天下后世也。吾子乃以是为儒者所宜学，殆亦未之思邪？

夫圣人之所以为圣者，以其生而知之也。而释《论语》者曰：“‘生而知之’者，义理耳。若夫礼乐名物、古今事变，亦必待学而后有以验其行事之实。”夫礼乐名物之类，果有关于作圣之功也，而圣人亦必待学而后能知焉，则是圣人亦不可以谓之“生知”矣。谓圣人为“生知”者，专指义理而言，而不以礼乐名物之类。则是礼乐名物之类无关于作圣之功矣。圣人之所以谓之“生知”者，专指义理，而不以礼乐名物之类，则是“学而知之”者，亦惟当学知此义理而已；“困而知之”者，亦惟当困知此义理而已。今学者之学圣人，于圣人之所能知者，未能“学而知之”，而顾汲汲焉求知圣人之所不能知者以为学。无乃失其所以希圣之方欤？凡此皆就吾子之所惑者而稍为之分释，未及乎“拔本塞源[①]”之论也。

十三

夫“拔本塞源”之论不明于天下，则天下之学圣人者，将日繁日难。斯人沦于禽兽、夷狄，而犹自以为圣人之学。吾之说

---

① 拔本塞源：意为拔除树根，堵塞水源，意指清除事物发生的根源。语出《左传·昭公九年》。

虽或暂明于一时，终将冻解于西而冰坚于东，雾释于前而云滃[1]于后，呶呶[2]焉危困以死，而卒无救于天下之分毫也已。

夫圣人之心，以天地万物为一体，其视天下之人，无外内远近。凡有血气，皆其昆弟赤子之亲，莫不欲安全而教养之，以遂其万物一体之念。天下之人心，其始亦非有异于圣人也，特其间于有我之私，隔于物欲之蔽，大者以小，通者以塞。人各有心，至有视其父、子、兄、弟如仇雠者。圣人有忧之，是以推其天地万物一体之仁以教天下，使之皆有以克其私，去其蔽，以复其心体之同然[3]。其教之大端，则尧、舜、禹之相授受，所谓“道心惟微，惟精惟一，允执厥中”。而其节目，则舜之命契，所谓“父子有亲，君臣有义，夫妇有别，长幼有序，朋友有信[4]”五者而已。唐、虞、三代之世，教者惟以此为教，而学者惟以此为学。当是之时，人无异见，家无异习，安此者谓之圣，勉此者谓之贤，而背此者，虽其启明如朱[5]，亦谓之不肖。下至闾井、田野，农、工、商、贾之贱，莫不皆有是学，而惟以成其德行为务。何者？无有闻见之杂、记诵之烦、辞章之靡滥、功利之驰逐，而但使孝其亲、弟其长、信其朋友，以复其心

---

① 滃（wěng）：云气四起貌。

② 呶（náo）呶：多言，唠叨。

③ 心体之同然：语出《孟子·告子上》。

④ “父子有亲”五句：语出《孟子·滕文公上》。

⑤ 启明如朱：尧要选择自己的接班人，大臣放齐推荐尧的儿子丹朱，说他很聪明，尧认为丹朱不是最合适的人选，因为丹朱说话虚妄，又好争辩。语出《尚书·尧典》：“放齐曰：‘胤子朱启明。’帝曰：‘吁！嚚讼，可乎？’”

体之同然。是盖性分之所固有，而非有假于外者，则人亦孰不能之乎？

学校之中，惟以成德为事。而才能之异，或有长于礼乐，长于政教，长于水土播植者，则就其成德，而因使益精其能于学校之中。迨夫举德而任，则使之终身居其职而不易。用之者惟知同心一德，以共安天下之民，视才之称否，而不以崇卑为轻重，劳逸为美恶。效用者亦惟知同心一德，以共安天下之民，苟当其能，则终身处于烦剧而不以为劳，安于卑琐而不以为贱。当是之时，天下之人，熙熙皞皞[①]，皆相视如一家之亲。其才质之下者，则安其农、工、商、贾之分，各勤其业，以相生相养，而无有乎希高慕外之心。其才能之异，若皋、夔、稷、契[②]者，则出而各效其能。若一家之务，或营其衣食，或通其有无，或备其器用，集谋并力，以求遂其仰事俯育[③]之愿，惟恐当其事者之或怠而重己之累也。故稷勤其稼，而不耻其不知教，视契之善教，即己之善教也；夔司其乐，而不耻于明礼，视夷之通礼[④]即己之通礼也。盖其心学纯明，而有以全其万物一体之仁，故其精神流贯，志气通达，而无有乎人己之分，物我之间。譬之一人之身，目视、耳听、手持、足行，以济一身之用。目不耻其无聪，而耳之所涉，目必营焉；足不耻其无执，而手之所探，足必

---

① 熙熙皞（hào）皞：形容和乐舒畅，怡然自得。皞皞，心情舒畅貌。

② 皋、夔、稷、契：皆舜臣。据《尚书·舜典》，皋陶，掌刑法；夔，典音乐；稷，主农事；契，司教化。

③ 仰事俯育：语出《孟子·梁惠王上》。

④ 夷之通礼：伯夷通晓礼仪。语出《尚书·舜典》。

前焉。盖其元气充周，血脉条畅，是以痒疴呼吸，感触神应，有不言而喻之妙。此圣人之学所以至易至简，易知易从[1]，学易能而才易成者，正以大端惟在复心体之同然，而知识技能非所与论也。

三代之衰，王道熄而霸术焻[2]。孔孟既没，圣学晦而邪说横，教者不复以此为教，而学者不复以此为学。霸者之徒，窃取先王之近似者，假之于外，以内济其私己之欲，天下靡然而宗之，圣人之道遂以芜塞。相仿相效，日求所以富强之说、倾诈之谋、攻伐之计，一切欺天罔人，苟一时之得，以猎取声利之术，若管、商、苏、张[3]之属者，至不可名数。既其久也，斗争劫夺，不胜其祸，斯人沦于禽兽、夷狄，而霸术亦有所不能行矣。

---

① 至易至简，易知易从：语出《周易·系辞上》。

② 焻（chàng）：盛行。

③ 管、商、苏、张：管，即管仲（？—前645），春秋初期著名政治家。名夷吾，字仲，亦称“敬仲”。颍上（颍水之滨）人。由鲍叔牙推荐，被齐桓公任命为卿，尊称“仲父”。助齐桓公以“尊王攘夷”相号召，成为春秋时第一个霸主。商，即商鞅（约前390—前338），战国时政治家。卫国人。公孙氏，名鞅，亦称卫鞅。初为魏相公叔痤家臣，后入秦说服秦孝公变法图强。秦孝公六年（前356，一说在三年）任左庶长，实行变法。旋升大良造。秦孝公十二年进一步变法。后十年（前340）因战功封於（今河南西峡境）、商（今陕西丹凤西北）十五邑，号商君，因称商鞅。苏即苏秦（？—前284），战国时东周洛阳（今河南洛阳东）乘轩里人，字季子。奉燕昭王命入齐，从事反间活动，使齐疲于对外战争，以便攻齐为燕复仇。齐湣王末任齐相。五国合纵攻秦，迫使秦废帝号，并归还部分魏、赵之地。张，即张仪（？—前309），战国时魏国人。贵族后裔。先游说于楚，后入秦。秦惠文王十年（前328），任秦相。采用连横策略，迫魏献上郡，辅秦惠文君称王，游说各国服从秦国，瓦解齐楚联盟，夺取楚汉中地。封武信君。秦武王即位，他入魏为相，一年后去世。

世之儒者，慨然悲伤，蒐猎先圣王之典章法制，而掇拾修补于煨烬之余，盖其为心，良亦欲以挽回以先王之道。圣学既远，霸术之传，积渍已深，虽在贤知，皆不免于习染，其所以讲明修饰，以求宣畅光复于世者，仅足以增霸者之藩篱，而圣学之门墙，遂不复可睹。于是乎有训诂之学，而传之以为名；有记诵之学，而言之以为博；有词章之学，而侈之以为丽。若是者，纷纷籍籍，群起角立于天下，又不知其几家。万径千蹊，莫知所适。世之学者如入百戏之场，讙谑[①]跳踉[②]、聘奇斗巧、献笑争妍者，四面而竞出，前瞻后盼，应接不遑，而耳目眩瞀[③]，精神恍惑，日夜遨游淹息其间，如病狂丧心之人，莫自知其家业之所归。时君世主亦皆昏迷颠倒于其说，而终身从事于无用之虚文，莫自知其所谓。间有觉其空疏谬妄，支离牵滞，而卓然自奋，欲以见诸行事之实者，极其所抵，亦不过为富强功利五霸之事业而止。

圣人之学日远日晦，而功利之习愈趋愈下。其间虽尝瞽惑于佛、老，而佛、老之说卒亦未能有以胜其功利之心；虽又尝折衷于群儒，而群儒之论终亦未能有以破其功利之见。盖至于今，功利之毒沦浃于人之心髓，而习以成性也，几千年矣。相矜以知，相轧以势，相争以利，相高以技能，相取以声誉。其出

---

① 讙谑（huān xuè）：欢谑，欢笑。讙，同“欢”。

② 跳踉（liáng）：跳跃。

③ 眩瞀（mào）：眼睛昏花，视物不明。

而仕也，理钱谷者则欲兼夫兵刑，典礼乐者又欲与于铨轴[①]，处郡县则思藩臬[②]之高，居台谏[③]则望宰执[④]之要。故不能其事则不得以兼其官，不通其说则不可以要其誉。记诵之广，适以长其敖也；知识之多，适以行其恶也；闻见之博，适以肆其辨也；辞章之富，适以饰其伪也。是以皋、夔、稷、契所不能兼之事，而今之初学小生皆欲通其说，究其术。其称名借号，未尝不曰吾欲以共成天下之务，而其诚心实意之所在，以为不如是则无以济其私而满其欲也。呜呼，以若是之积染，以若是之心志，而又讲之以若是之学术，宜其闻吾圣人之教，而视之以为赘疣[⑤]枘凿[⑥]；则其以良知为未足，而谓圣人之学为无所用，亦其势有所必至矣！呜呼，士生斯世，而尚何以求圣人之学乎？尚何以论圣人之学乎？士生斯世，而欲以为学者，不亦劳苦而繁难乎？不亦拘滞而险艰乎？呜呼，可悲也已！所幸天理之在人心，终有所不可泯，而良知之明，万古一日，则其闻吾“拔本塞源”之论，必有恻然而悲、戚然而痛、愤然而起。沛然若决江河，而有所不可御者矣。非夫豪杰之士无所待而兴起者，吾谁与望乎？

---

① 铨（quán）轴：吏部要职。

② 藩臬：指藩司和臬司。藩司，明清时布政使司的别称，主管一省的民政。臬司，提刑按察使司的别称，主管一省的司法。

③ 台谏：亦称“台谏官”。唐、宋以掌纠弹之御史为“台官”，以掌建言之给事中、谏议大夫等为“谏官”。明代沿指监察御史和给事中。

④ 宰执：官名合称。宋代先后以同中书门下平章事、尚书左右仆射、左右丞相为“宰相”，以参知政事、门下侍郎、中书侍郎、尚书左右丞及枢密使、副使、知枢密院事、同知枢密院事、签书枢密院事称“执政”，合称“宰执”。

⑤ 赘疣：比喻多余无用之物。

⑥ 枘（ruì）凿：“方枘圆凿”的简语。比喻两不相合或互相矛盾。

答周道通书

一

吴、曾两生至，备道道通恳切为道之意，殊慰相念。若道通真可谓笃信好学者矣。忧病中会不能与两生细论，然两生亦自有志向、肯用功者，每见辄觉有进，在区区诚不能无负于两生之远来，在两生则亦庶几无负其远来之意矣。临别以此册致道通意，请书数语。荒愦无可言者，辄以道通来书中所问数节，略下转语奉酬，草草殊不详细。两生当亦自能口悉也。

来书云："日用工夫只是'立志'，近来于先生诲言，时时体验，愈益明白。然于朋友，不能一时相离。若得朋友讲习，则此志才精健阔大，才有生意。若三五日不得朋友相讲，便觉微弱，遇事便会困，亦时会忘。乃今无朋友相讲之日，还只静坐，或看书，或游衍[①]经行[②]。凡寓目措身，悉取以培养此志，颇觉意思和适。然终不如朋友讲聚，精神流动，生意更多也。离群索居之人，当更有何法以处之？"

此段足验道通日用工夫所得。工夫大略亦只是如此用，只

---

① 游衍：游乐。《诗·大雅·板》："昊天曰旦，及尔游衍。"郑玄笺："常与女出入往来，游溢相从。"

② 经行：佛教徒因养身散除郁闷，旋回往返于一定之地，称为"经行"。

要无间断，到得纯熟后，意思又自不同矣。大抵吾人为学，紧要大头脑，只是“立志”。所谓困忘之病，亦只是志欠真切。今好色之人，未尝病于困忘，只是一真切耳。自家痛痒，自家须会知得，自家须会搔摩得。既自知得痛痒，自家须不能不搔摩得，佛家谓之“方便法门[1]”。须是自家调停斟酌，他人总难与力，亦更无别法可设也。

二

来书云：“上蔡[2]尝问：‘天下何思何虑？’伊川云：‘有此理，只是发得太早。’在学者工夫，固是‘必有事焉而勿忘[3]’，然亦须识得‘何思何虑’底气象，一并看为是。若不识得这气象，便有‘正’与‘助长’之病；若认得‘何思何虑’，而忘‘必有事焉’工夫，恐又堕于‘无’也。须是不滞于‘有’，不堕于‘无’。然乎否也？”

所论亦相去不远矣，只是契悟未尽。上蔡之问，与伊川之答，亦只是上蔡、伊川之意，与孔子《系辞》原旨稍有不同。《系》言“何思何虑”，是言所思所虑只是一个天理，更无别思别虑耳，非谓无思无虑也。故曰：“同归而殊途，一致而百虑，天下何思何虑。”云“殊途”，云“百虑”，则岂谓无思无虑

---

① 方便法门：指佛教为接引众生而施设之权宜方法。

② 上蔡：谢良佐（1050—1103），北宋理学家。字显道，上蔡（今属河南）人。人称“上蔡先生”“谢上蔡”。与游酢、杨时、吕大临并称“程（颢、颐）门四大弟子”。

③ 必有事焉而勿忘：与下文“‘正’与‘助长’”，语出《孟子·公孙丑上》。

邪？心之本体，即是天理。天理只是一个，更有何可思虑得？天理原自寂然不动，原自感而遂通，学者用功，虽千思万虑，只是要复他本来体用而已，不是以私意去安排思索出来。故明道云："君子之学，莫若廓然而大公，物来而顺应[①]。"若以私意去安排思索，便是用智自私[②]矣。"何思何虑"正是工夫，在圣人分上，便是自然的；在学者分上，便是勉然的。伊川却是把作效验看了，所以有"发得太早"之说。既而云"却好用功"，则已自觉其前言之有未尽矣。濂溪"主静"之论亦是此意。今道通之言，虽已不为无见，然亦未免尚有两事也。

三

来书云："凡学者才晓得做工夫，便要识得圣人气象[③]。盖认得圣人气象，把做准的，乃就实地做工夫去，才不会差，才是作圣工夫。未知是否？"

先认圣人气象，昔人尝有是言矣，然亦欠有头脑，圣人气象自是圣人的，我从何处识认？若不就自己良知上真切体认，如以无星之称而权轻重，未开之镜而照妍媸，真所谓以小人之腹而度君子之心矣。圣人气象何由认得？自己良知原与圣人一般。若体认得自己良知明白，即圣人气象不在圣人而在我矣。程子尝云："觑着尧，学他行事，无他许多聪明睿智，安能如彼之动容

---

① "君子之学"三句：语出《答横渠张子厚先生书》。

② 用智自私：语出《答横渠张子厚先生书》。

③ 圣人气象：程颐语，语出《河南程氏遗书》卷二十二。

周旋中礼[①]？”又云：“心通于道，然后能辨是非[②]。”今且说通于道在何处？聪明睿智从何处出来？

四

来书云：“事上磨炼，一日之内，不管有事无事，只一意培养本原。若遇事来感，或自已有感，心上既有觉，安可谓无事？但因事凝心一会，大段觉得事理当如此，只如无事处之，尽吾心而已。然乃有处得善与未善，何也？又或事来得多，须要次第与处，每因才力不足，辄为所困，虽极力扶起，而精神已觉衰弱。遇此未免要十分退省[③]。宁不了事，不可不加培养。如何？”

所说工夫，就道通分上也只是如此用，然未免有出入在。凡人为学，终身只为这一事。自少至老，自朝至暮，不论有事无事，只是做得这一件，所谓“必有事焉”者也。若说“宁不了事，不可不加培养”，却是尚为两事也。“必有事焉而勿忘勿助”，事物之来，但尽吾心之良知以应之，所谓“忠恕违道不远[④]”矣。凡处得有善有未善，及有困顿失次之患者，皆是牵于毁誉得丧，不能实致其良知耳。若能实致其良知，然后见得平日所谓善者，未必是善，所谓未善者，却恐正是牵于毁誉得丧、自

① “觑着尧”四句：语出《河南程氏遗书》卷十八。
② 心通于道，然后能辨是非：语出程颐《答朱长文书》。
③ 退省：犹退思，退而自省。语出《论语·为政篇》。
④ 忠恕违道不远：语出《中庸》。

贼其良知者也。

五

来书云："致知之说，春间再承诲益，已颇知用力，觉得比旧尤为简易。但鄙心则谓与初学言之，还须带'格物'意思，使之知下手处。本来'致知''格物'一并下，但在初学，未知下手用功，还说与'格物'，方晓得'致知'。"云云。

"格物"是"致知"工夫，知得"致知"，便已知得"格物"。若是未知"格物"，则是"致知"工夫亦未尝知也。近有一书与友人论此颇悉，今往一通细观之，当自见矣。

六

来书云："今之为朱、陆之辨[1]者尚未已。每对朋友言，正学不明已久，且不须枉费心力为朱、陆争是非。只依先生'立志'二字点化人，若其人果能辨得此志来，决意要知此学，已是大段明白了。朱、陆虽不辨，彼自能觉得。又尝见朋友中见有人议先生之言者，辄为动气。昔在朱、陆二先生所以遗后世纷纷之议者，亦见二先生工夫有未纯熟，分明亦有动气之病。若明

① 朱、陆之辨：朱熹是南宋理学"道问学"派的代表人物，主张格物、穷理，通过对事物的不断学习，最终穷理尽性。陆九渊是南宋理学"尊德性"派的代表人物，主张发明本心，然后加以扩充的简易功夫。为调和两派学说，朱、陆二人曾展开一场大辩论。之后，朱、陆两派门人不断争辩，延续至今。

道，则无此矣。观其与吴涉礼论介甫之学[①]，云：'为我尽达诸介甫，不有益于他，必有益于我也。'气象何等从容！尝见先生与人书中亦引此言[②]，愿朋友皆如此，如何？"

此节议论得极是极是。愿道通遍以告于同志，各自且论自己是非，莫论朱、陆是非也。以言语谤人，其谤浅。若自己不能身体实践，而徒入耳出口，呶呶度日，是以身谤也，其谤深矣。凡今天下之论议我者，苟能取以为善，皆是砥砺切磋我也，则在我无非警惕修省进德之地矣。昔人谓"攻吾之短者是吾师[③]"，师又可恶乎？

七

来书云："有引程子'人生而静，以上不容说，才说性，便已不是性[④]'。何故不容说？何故不是性？晦庵答云：'不容说者，未有性之可言。不是性者，已不能无气质之杂矣。'二先生之言皆未能晓，每看书至此，辄为一惑，请问。"

"生之谓性[⑤]"，"生"字即是"气"字，犹言"气即是

---

① 观其与吴涉礼论介甫之学：吴涉礼，据《河南程氏遗书》，应为"吴师礼"。吴师礼，字安仲，宋钱塘人。历官右司员外郎。工翰墨。王安石（1021—1086），北宋政治家、思想家、文学家。字介甫，号半山，抚州临川（今江西抚州）人。

② 尝见先生与人书中亦引此言：指王阳明《答汪石潭内翰》。

③ 攻吾之短者是吾师：语出《荀子·修身篇》："故非我而当者，吾师也；是我而当者，吾友也；谄谀我者，吾贼也。"

④ "人生而静"四句：语出《河南程氏遗书》卷一。

⑤ 生之谓性：语出《孟子·告子上》。

性”也。气即是性，“人生而静，以上不容说”，才说“气即是性”，即已落在一边，不是性之本原矣。孟子性善，是从本原上说。然性善之端须在气上始见得，若无气亦无可见矣。恻隐、羞恶、辞让、是非，即是气。程子谓“论性不论气，不备；论气不论性，不明①”，亦是为学者各认一边，只得如此说。若见得自性明白时，气即是性，性即是气，原无性、气之可分也。

① “论性不论气”四句：语出《河南程氏遗书》卷六。

答陆原静书（一）

一

来书云："下手工夫，觉此心无时宁静。妄心固动也，照心亦动也。心既恒动，则无刻暂停也。"

是有意于求宁静，是以愈不宁静耳。夫妄心则动也，照心非动也。恒照则恒动恒静，天地之所以恒久而不已也[①]。照心固照也，妄心亦照也。"其为物不贰，则其生物不息[②]"，有刻暂停，则息矣，非"至诚无息[③]"之学矣。

二

来书云："良知亦有起处。"云云。

此或听之未审。良知者，心之本体，即前所谓恒照者也。心之本体，无起无不起。虽妄念之发，而良知未尝不在，但人不知存，则有时而或放耳；虽昏塞之极，而良知未尝不明，但人不知察，则有时而或蔽耳。虽有时而或放，其体实未尝不在也，存之而已耳；虽有时而或蔽，其体实未尝不明也，察之而已耳。若谓良知亦有起处，则是有时而不在也，非其本体之谓矣。

---

① 天地之所以恒久而不已也：语出《周易·恒卦·彖传》。

② 其为物不贰，则其生物不息：语出《中庸》。

③ 至诚无息：语出《中庸》。

三

来书云：“前日‘精一’之论，即作圣之功否？”

“精一”之“精”以理言，“精神”之“精”以气言。理者，气之条理；气者，理之运用。无条理，则不能运用；无运用，则亦无以见其所谓条理者矣。精则精，精则明，精则一，精则神，精则诚；一则精，一则明，一则神，一则诚，原非有二事也。但后世儒者之说与养生之说各滞于一偏，是以不相为用。前日“精一”之论，虽为原静爱养精神而发，然而作圣之功，实亦不外是矣。

四

来书云：“元神、元气、元精，必各有寄藏发生之处。又有真阴之精、真阳之气。”云云。

夫良知一也，以其妙用而言谓之神，以其流行而言谓之气，以其凝聚而言谓之精，安可形象方所求哉？真阴之精，即真阳之气之母；真阳之气，即真阴之精之父。阴根阳，阳根阴，亦非有二也。苟吾良知之说明，即凡若此类，皆可以不言而喻；不然，则如来书所云“三关①”“七返九还②”之属，尚有无穷可疑者也。

---

① 三关：指口、足、手。《黄庭内景玉经·三关章》云：“三关之中精气深，九微之内幽且阴。口为天关精神机，足为地关生命扉，手为人关把盛衰。”

② 七返九还：道家内丹修炼过程中的专用术语。

答陆原静书（二）

一

来书云："良知，心之本体，即所谓性善也，未发之中也，寂然不动之体也，廓然大公也，何常人皆不能而必待于学邪？中也，寂也，公也[①]，既以属心之体，则良知是矣。今验之于心，知无不良，而中、寂、大公实未有也。岂良知复超然于体用之外乎？"

性无不善，故知无不良。良知即是未发之中，即是廓然大公、寂然不动之本体，人人之所同具者也，但不能不昏蔽于物欲，故须学以去其昏蔽，然于良知之本体，初不能有加损于毫末也。知无不良，而中、寂、大公未能全者，是昏蔽之未尽去，而存之未纯耳。体即良知之体，用即良知之用，宁复有超然于体用之外者乎？

二

来书云："周子曰'主静[②]'，程子曰'动亦定，静亦定'，先生曰'定者心之本体'，是静定也，绝非不睹不闻、

---

① 中也，寂也，公也："未发之中也，寂然不动之体也，廓然大公也"之"中""寂""公"。未发之中，语出《中庸》"喜怒哀乐之未发，谓之中"；寂然不动，语出《周易·系辞上》；廓然大公，语出程颢《答横渠张子厚先生书》。

② 主静：语出周敦颐《太极图说》。

无思无为之谓，必常知、常存、常主于理之谓也。夫常知、常存、常主于理，明是动也，已发也，何以谓之静？何以谓之本体？岂是静定也，又有以贯乎心之动静者邪？”

理，无动者也。“常知常存、常主于理”，即“不睹不闻、无思无为”之谓也。不睹不闻、无思无为，非槁木死灰之谓也。睹、闻、思、为一于理，而未深有所睹、闻、思、为，即是动而未尝动也。所谓“动亦定，静亦定”“体用一原[①]”者也。

三

来书云：“此心未发之体，其在已发之前乎？其在已发之中而为之主乎？其无前后、内外而浑然一体者乎？今谓心之动静者，其主有事无事而言乎？其主寂然感通而言乎？其主循理从欲而言乎？若以循理为静，从欲为动、则于所谓‘动中有静，静中有动[②]’‘动极而静，静极而动[③]’者，不可通矣。若以有事而感通为动，无事而寂然为静，则于所谓‘动而无动，静而无静[④]’者，不可通矣。若谓未发在已发之先，静而生动，是至诚有息也，圣人有复也，又不可矣。若谓未发在已发之中，则不知未发、已发俱当主静乎？抑未发为静而已发为动乎？抑未发、已发俱无动无静乎？俱有动有静乎？幸教。”

---

① 体用一原：语出程颐《易传序》。

② 动中有静，静中有动：语出《周子通书·动静第十六》朱熹注。

③ 动极而静，静极而动：语出周敦颐《太极图说》。

④ 动而无动，静而无静：语出周敦颐《周子通书·动静第十六》。

未发之中，即良知也，无前后、内外，而浑然一体者也。有事、无事可以言动静，而良知无分于有事无事也。寂然、感通可以言动静，而良知无分于寂然感通也。动静者，所遇之时；心之本体，固无分于动静也。理无动者也，动即为欲。循理则虽酬酢万变，而未尝动也；从欲则虽槁心一念，而未尝静也。“动中有静，静中有动”，又何疑乎？有事而感通，固可以言动，然而寂然者未尝有增也；无事而寂然，固可以言静，然而感通者未尝有减也。“动而无动，静而无静”，又何疑乎？

无前后内外而浑然一体，则“至诚有息”之疑，不待解矣。未发在已发之中，而已发之中未尝别有未发者在；已发在未发之中，而未发之中未尝别有已发者存：是未尝无动静，而不可以动静分者也。凡观古人言语，在以意逆志而得其大旨。若必拘滞于文义，则“靡有孑遗”者，是周果无遗民也。周子“静极而动”之说，苟不善观，亦未免有病。盖其意从“太极动而生阳，静而生阴”说来。太极生生之理，妙用无息，而常体不易。太极之生生，即阴阳之生生。就其生生之中，指其妙用无息者而谓之动、谓之阳之生，非谓动而后生阳也；就其生生之中，指其常体不易者而谓之静、谓之阴之生，非谓静而后生阴也。若果静而后生阴，动而后生阳，则是阴阳动静，截然各自为一物矣。阴阳一气也，一气屈伸而为阴阳；动静一理也，一理隐显而为动静。春夏可以为阳为动，而未尝无阴与静也；秋冬可以为阴为静，而未尝无阳与动也。春夏此不息，秋冬此不息，皆可谓之阳、谓之动也。春夏此常体，秋冬此常体，皆可谓之阴、谓之静也。自元、会、运、世、岁、月、日、时以至刻、杪、忽、微，莫不皆然。所谓“动静无端，阴阳无始[①]”，在知道者默而识之，非可以言语穷也。若只牵文泥句，比拟仿像，则所谓“心从《法华》转，非是转《法华》[②]”矣。

四

来书云：“尝试于心，喜怒忧惧之感发也，虽动气之极，而吾心良知一觉，即罔然消阻，或遏于初，或制于中，或悔于后。然则良知常若居优闲无事之地而为之主，于喜怒忧惧若不与焉者，何欤？”

知此，则知未发之中、寂然不动之体，而有发而中节之和、感而遂通之妙矣。然谓“良知常若居于优闲无事之地”，语尚有病。盖良知虽不滞于喜怒忧惧，而喜怒忧惧亦不外于良知也。

五

来书云：“夫子昨以良知为照心。窃谓：良知，心之本体也；照心，人所用功，乃戒慎恐惧之心也，犹‘思[③]’也。而遂以戒慎恐惧为良知，何欤？”

能戒慎恐惧者，是良知也。

---

① 动静无端，阴阳无始：语出《河南程氏经说》。

② 心从《法华》转，非是转《法华》：语出《六祖大师法宝坛经·机缘品》：“心迷《法华》转，心悟转《法华》。”

③ 思：指孟子“心之官则思”之“思”。

六

来书云：“先生又曰‘照心非动也’，岂以其循理而谓之静欤？‘妄心亦照也’，岂以其良知未尝不在于其中，未尝不明于其中，而视、听、言、动之不过则者皆天理欤？且既曰妄心，则在妄心可谓之照，而在照心则谓之妄矣。妄与息何异？今假妄之照以续至诚之无息，窃所未明。幸再启蒙。”

“照心非动”者，以其发于本体明觉之自然，而未尝有所动也。有所动，即妄矣。“妄心亦照”者，以其本体明觉之自然者，未尝不在于其中，但有所动耳。无所动，即照矣。无妄、无照，非以妄为照、以照为妄也。照心为照，妄心为妄，是犹有妄、有照也。有妄有照，则犹贰也，贰则息矣。无妄无照则不贰，不贰则不息矣。

七

来书云：“养生以清心寡欲为要。夫清心寡欲，作圣之功毕矣。然欲寡则心自清，清心非舍弃人事而独居求静之谓也；盖欲使此心纯乎天理，而无一毫人欲之私耳。今欲为此之功，而随人欲生而克之，则病根常在，未免灭于东而生于西。若欲刊剥洗荡于众欲未萌之先，则又无所用其力，徒使此心之不清。且欲未萌而搜剔以求去之，是犹引犬上堂而逐之也[1]，愈不可矣。”

---

① 引犬上堂而逐之：语出《河南程氏遗书》卷二。

必欲此心纯乎天理，而无一毫人欲之私，此作圣之功也。必欲此心纯乎天理，而无一毫人欲之私，非防于未萌之先而克于方萌之际不能也。防于未萌之先而克于方萌之际，此正《中庸》“戒慎恐惧”、《大学》“致知格物”之功。舍此之外，无别功矣。夫谓“灭于东而生于西[①]”“引犬上堂而逐之”者，是自私自利、将迎[②]意必[③]之为累，而非克治洗荡之为患也。今曰“养生以清心寡欲为要”，只“养生”二字，便是自私自利、将迎意必之根。有此病根潜伏于中，宜其有“灭于东而生于西”“引犬上堂而逐之”之患也。

八

来书云：“佛氏‘于不思善不思恶时认本来面目’，于吾儒‘随物而格’之功不同。吾若于不思善不思恶时用致知之功，则已涉于思善矣。欲善恶不思，而心之良知清静自在，惟有寐而方醒之时耳，斯正孟子‘夜气’之说。但于斯光景不能久，倏忽之际，思虑已生。不知用功久者，其常寐初醒而思未起之时否乎？今澄欲求宁静，愈不宁静；欲念无生，则念愈生，如之何而能使此心前念易灭，后念不生，良知独显，而与造物者游[④]乎？”

---

① 灭于东而生于西：语出程颢《答横渠张子厚先生书》。

② 将迎：逢迎，迎合。《宋书·徐爰传》：“殿省旧人，多见罪黜，唯爰巧于将迎，始终无迕。”

③ 意必：语出《论语·子罕篇》：“子绝四：毋意，毋必，毋固，毋我。”

④ 与造物者游：语出《庄子·天下》。

“不思善不思恶时认本来面目”，此佛氏为未识本来面目者设此方便。“本来面目”即吾圣门所谓“良知”。今既认得良知明白，即已不消如此说矣。“随物而格”是致知之功，即佛氏之“常惺惺[1]”，亦是常存他本来面目耳，体段工夫大略相似，但佛氏有个自私自利之心，所以便有不同耳。今欲善恶不思，而心之良知清静自在，此便有自私自利、将迎意必之心，所以有“不思善不思恶时用致知之功，则已涉于思善”之患。孟子说“夜气”，亦只是为失其良心之人指出个良心萌动处，使他从此培养将去。今已知得良知明白，常用致知之功，即已不消说“夜气”，却是得兔后不知守兔，而仍去守株[2]，兔将复失之矣。欲求宁静，欲念无生，此正是自私自利、将迎意必之病，是以念愈生而愈不宁静。良知只是一个良知，而善恶自辨，更有何善何恶可思？良知之体本自宁静，今却又添一个求宁静；本自生生，今却又添一个欲无生，非独圣门致知之功不如此，虽佛氏之学亦未如此将迎意必也。只是一念良知，彻头彻尾，无始无终，即是前念不灭，后念不生[3]。今却欲前念易灭，而后念不生，是佛氏所谓“断灭种性[4]”，入于槁木死灰之谓矣。

---

① 常惺惺：典出《五灯会元》卷七，意为经常保持觉照的状态。

② 守株：守株待兔，典出《韩非子·五蠹》：“宋人有耕者，田中有株，兔走触株，折颈而死，因释其耒而守株，冀复得兔。兔不可复得，而身为宋国笑。今欲以先王之政，治当世之民，皆守株之类也。”株，露出地面的树根。

③ 前念不灭，后念不生：语出《六祖大师法宝坛经·机缘品》。

④ 断灭种性：佛教语。语出玄奘《成唯识论》。

九

来书云："佛氏又有'常提念头'之说，其犹孟子所谓'必有事'、夫子所谓'致良知'之说乎？其即'常惺惺，常记得，常知得，常存得'者乎？于此念头提在之时，而事至物来，应之必有其道。但恐此念头提起时少，放下时多，则工夫间断耳。且念头放失，多因私欲客气[1]之动而始，忽然惊醒而后提，其放而未提之间，心之昏杂，多不自觉。今欲日精日明，常提不放，以何道乎？只此常提不放，即全功乎？抑于常提不放之中，更宜加省克之功乎？虽曰'常提不放'，而不加戒惧克治之功，恐私欲不去；若加戒惧克治之功焉，又为'思善'之事，而于'本来面目'又未达一间也。如之何则可？"

"戒惧克治"，即是"常提不放"之功，即是"必有事焉"，岂有两事邪？此节所问，前一段已自说得分晓，末后却是自生迷惑，说得支离，及有"本来面目，未达一间"之疑，都是自私自利、将迎意必之为病。去此病，自无此疑矣。

十

来书云："'质美者明得尽，查滓便浑化[2]。'如何谓'明

---

① 客气：指受外在事物影响、发乎血气之情。朱熹、吕祖谦《近思录》云："明道先生曰：'义理与客气常相胜，只看消长分数多少，为君子、小人之别。'"

② 质美者明得尽，查滓便浑化：查，同"渣"。语出《河南程氏遗书》卷十一："只此是学质美者，明得尽，查滓便浑化，却与天地同体，其次惟庄敬持养，及其至，则一也。"

得尽’？如何而能‘便浑化’？”

良知本来自明。气质不美者，查滓多，障蔽厚，不易开明；质美者，查滓原少，无多障蔽，略加致知之功，此良知便自莹彻，些少渣滓，如汤中浮雪，如何能作障蔽？此本不甚难晓，原静所以致疑于此，想是因一“明”字不明白，亦是稍有欲速之心。向曾面论“明善”之义，“明则诚矣”，非若后儒所谓明善之浅也。

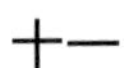

十一

来书云：“聪明睿知，果质乎？仁义礼智，果性乎？喜怒哀乐，果情乎？私欲客气，果一物乎？二物乎？古之英才，若子房[①]、仲舒[②]、叔度[③]、孔明[④]、文中、韩[⑤]、范[⑥]诸公，德业表著，皆良知中

① 子房：张良（？—前190或前189），西汉初大臣。字子房，相传为城父（今河南襄城西南）人。刘邦谋士，佐汉灭秦、楚，因功封留侯。

② 仲舒：董仲舒（前179—前104），西汉儒家今文经学大师。广川（治今河北景县西南）人。专治《春秋公羊传》。曾任博士、江都相和胶西王相。其学以儒家宗法思想为中心，杂以阴阳五行说，把神权、君权、父权、夫权贯串在一起，形成其神学体系。体系的中心是“天人感应”说。

③ 叔度：黄宪，字叔度，汝南（属河南）人。东汉名士。

④ 孔明：诸葛亮（181—234），三国蜀汉政治家、军事家。字孔明，琅邪阳都（今山东沂南南）人。东汉末，隐居邓县隆中（在今湖北襄阳），留心世事，人称“卧龙”。三国时蜀汉丞相。

⑤ 韩：韩琦（1008—1075），北宋大臣。字稚圭，相州安阳（今属河南）人。天圣进士。历任开封府推官、三司度支判官，拜任右司谏，曾一次奏罢宰执四人。宝元三年（1040）出任陕西安抚使，与范仲淹共同防御西夏，时人称为“韩范”。封魏国公。著有《安阳集》。

⑥ 范：范仲淹（989—1052），北宋政治家、文学家。字希文，苏州吴县（今江苏苏州）人。大中祥符进士。少时贫困力学，出仕后有敢言之名。著有《范文正公集》。

所发也，而不得谓之闻道者，果何在乎？苟曰此特生质之美耳，则生知安行者不愈于学知困勉者乎？愚意窃云，谓诸公见道偏则可，谓全无闻，则恐后儒崇尚记诵训诂之过也。然乎？否乎？”

性一而已。仁义礼知，性之性也；聪明睿知，性之质也；喜怒哀乐，性之情也；私欲客气，性之蔽也。质有清浊，故情有过不及，而蔽有浅深也。私欲客气，一病两痛，非二物也。张、黄、诸葛及韩、范诸公，皆天质之美，自多暗合道妙，虽未可尽谓之知学，尽谓之闻道，然亦自有其学，违道不远者也。使其闻学知道，即伊①、傅②、周③、召④矣。若文中子，则又不可谓之不知学者，其书虽多出于其徒，亦多有未是处，然其大略，则亦居然可见。但今相去辽远，无有的然凭证，不可悬断其所至矣。

夫良知即是道，良知之在人心，不但圣贤，虽常人亦无不如此。若无有物欲牵蔽，但循着良知发用流行将去，即无不是道。但在常人多为物欲牵蔽，不能循得良知。如数公者，天质既自清明，自少物欲为之牵蔽，则其良知之发用流行处，自然是多，自然违道不远。学者学循此良知而已。谓之知学，只是知

---

① 伊：伊尹，商初大臣。名伊，尹为官名。一说名挚。传为家奴出身，原为有莘氏女的陪嫁之臣。汤用为“小臣”，后任以国政，助汤攻灭夏桀。

② 傅：傅说（yuè），亦称“傅兑”。商王武丁大臣。相传原是傅岩地方从事版筑的奴隶，后被武丁任为大臣，治理国政，使商王朝得以振兴。

③ 周：指周公。

④ 召：召公，即姬奭（shì）。西周开国重臣。周文王庶子。采邑在召（今陕西岐山西南），故称“召公”。曾佐武王灭商，被封于燕。

得专在学循良知。数公虽未知专在良知上用功，而或泛滥于多岐，疑迷于影响，是以或离或合而未纯。若知得时，便是圣人矣。后儒尝以数子者，尚皆是气质用事，未免于行不著，习不察，此亦未为过论。

但后儒之所谓著、察者，亦是狃于闻见之狭，蔽于沿习之非，而依拟仿像于影响形迹之间，尚非圣门之所谓著、察者也，则亦安得以己之昏昏而求人之昭昭[1]也乎？所谓生知安行，“知”“行”二字亦是就用功上说。若是知行本体，即是良知良能，虽在困勉之人，亦皆可谓之“生知安行”矣。“知”“行”二字更宜精察。

十二

来书云：“昔周茂叔每令伯淳寻仲尼、颜子乐处[2]。敢问是乐也，与七情之乐，同乎？否乎？若同，则常人之一遂所欲，皆能乐矣，何必圣贤？若别有真乐，则圣贤之遇大忧、大怒、大惊、大惧之事，此乐亦在否乎？且君子之心常存戒惧，是盖‘终身之忧[3]’也，恶得乐？澄平生多闷，未尝见真乐之趣，今切愿寻之。”

乐是心之本体，虽不同于七情之乐，而亦不外于七情之

① 以己之昏昏而求人之昭昭：语出《孟子·尽心下》。昭昭，谓明辨事理。

② 昔周茂叔每令伯淳寻仲尼、颜子乐处：语出《河南程氏遗书》。伯淳，即程明道（程颢）。

③ 终身之忧：语出《孟子·离娄下》。

乐。虽则圣贤别有真乐，而亦常人之所同有，但常人有之而不自知，反自求许多忧苦，自加迷弃。虽在忧苦迷弃之中，而此乐又未尝不存，但一念开明，反身而诚[1]，则即此而在矣。每与原静论，无非此意，而原静尚有“何道可得”之问，是犹未免于“骑驴觅驴[2]”之蔽也。

十三

来书云：“《大学》以‘心有好乐、忿懥、忧患、恐惧’为不得其正，而程子亦谓‘圣人情顺万事而无情[3]’。所谓‘有’者，《传习录》中以病疟譬之，极精切矣。若程子之言，则是圣人之情不生于心而生于物也。何谓耶？且事感而情应，则是是非非可以就格。事或未感时，谓之有，则未形也；谓之无，则病根在。有无之间，何以致吾知乎？学务无情，累虽轻，而出儒入佛矣，可乎？”

圣人致知之功，至诚无息。其良知之体，皦如明镜，略无纤翳[4]，妍媸[5]之来，随物见形，而明镜曾无留染，所谓“情顺

---

① 反身而诚：语出《孟子·尽心上》。

② 骑驴觅驴：比喻物本已有而反外求。《景德传灯录·志公和尚》：“不解即心即佛，真似骑驴觅驴。”

③ 圣人情顺万事而无情：语出《答横渠张子厚先生书》：“圣人之常，以其情顺万事而无情。”

④ 纤翳（xiān yì）：微小的尘障。

⑤ 妍媸（chī）：亦作“妍蚩”。美好和丑恶。陆机《文赋》：“混妍蚩而成体，累良质而为瑕。”

万事而无情”也。“无所住而生其心[①]”，佛氏曾有是言，未为非也。明镜之应物，妍者妍，媸者媸，一照而皆真，即是“生其心”处；妍者妍，媸者媸，一过而不留，即是“无所住”处。病疟之喻，既已见其精切，则此节所问可以释然。病疟之人，疟虽未发，而病根自在，则亦安可以其疟之未发而遂忘其服药调理之功乎？若必待疟发而后服药调理，则既晚矣。致知之功，无间于有事无事，而岂论于病之已发未发邪？大抵原静所疑，前后虽若不一，然皆起于自私自利、将迎意必之为祟。此根一去，则前后所疑，自将冰消雾释，有不待于问辨者矣。

钱德洪跋

《答原静书》出，读者皆喜。澄善问，师善答，皆得闻所未闻。师曰：“原静所问，只是知解上转，不得已与逐节分疏；若信得良知，只在良知上用功，虽千经万典无不吻合，异端曲学一勘尽破矣，何必如此节节分解！佛家有‘扑人逐块[②]’之喻，见块扑人，则得人矣；见块逐块，于块奚得哉？”在座诸友闻之，惕然皆有惺悟。此学贵反求，非知解可入也。

---

① 无所住而生其心：住，执着。心，清净心。语出《金刚般若波罗蜜经》（简称《金刚经》）。

② 扑人逐块：典出道世《法苑珠林·十恶篇》。

答欧阳崇一

一

崇一来书云："师云：'德性之良知，非由于闻见，若曰多闻择其善者而从之，多见而识之，则是专求之见闻之末，而已落在第二义。'窃意良知虽不由见闻而有，然学者之知，未尝不由见闻而发。滞于见闻固非，而见闻亦良知之用也。今曰'落在第二义'，恐为专以见闻为学者而言，若致其良知而求之见闻，似亦知行合一之功矣。如何？"

良知不由见闻而有，而见闻莫非良知之用，故良知不滞于见闻，而亦不离于见闻。孔子云："吾有知乎哉？无知也[①]。"良知之外，别无知矣。故"致良知"是学问大头脑，是圣人教人第一义。今云专求之见闻之末，则是失却头脑，而已落在第二义矣。近时同志中，盖已莫不知有"致良知"之说，然其功夫尚多鹘突[②]者，正是欠此一问。

大抵学问功夫，只要主意头脑是当。若主意头脑专以"致良知"为事，则凡多闻多见，莫非"致良知"之功。盖日用之间，见闻酬酢，虽千头万绪，莫非良知之发用流行。除却见闻酬

① 吾有知乎哉？无知也：语出《论语·子罕篇》。

② 鹘（hú）突：犹糊涂。宋人语录中常用。

酢，亦无良知可致矣，故只是一事。若曰致其良知而求之见闻，则语意之间未免为二。此与专求之见闻之末者，虽稍不同，其为未得精一之旨，则一而已。“多闻，择其善者而从之，多见而识之。”既云“择”，又云“识”，其良知亦未尝不行于其间。但其用意乃专在多闻多见上去择识，则已失却头脑矣。崇一于此等语见得当已分晓，今日之问，正为发明此学，于同志中极有益，但语意未莹，则毫厘千里，亦不容不精察之也。

二

来书云：“师云：‘《系》言何思何虑，是言所思所虑只是天理，更无别思别虑耳，非谓无思无虑也。心之本体即是天理，有何可思虑得？学者用功，虽千思万虑，只是要复他本体，不是以私意去安排思索出来。若安排思索，便是自私用智矣。’学者之蔽，大率非沈空守寂，则安排思索。德辛壬之岁[1]，着前一病，近又着后一病。但思索亦是良知发用，其与私意安排者何所取别？恐认贼作子，惑而不知也。”

“思曰睿，睿作圣[2]。”“心之官则思，思则得之[3]。”思其可少乎？沈空守寂，与安排思索，正是自私用智，其为丧失良知一也。良知是天理之昭明灵觉处，故良知即是天理。思是良知之发用。若是良知发用之思，则所思莫非天理矣。良知发用之

---

① 辛壬之岁：指辛巳年（正德十六年，1521）到壬午年（嘉靖元年，1522）。
② 思曰睿，睿作圣：语出《尚书·洪范》。
③ 心之官则思，思则得之：语出《孟子·告子上》。

思，自然明白简易，良知亦自能知得。若是私意安排之思，自是纷纭劳扰，良知亦自会分别得。盖思之是非邪正，良知无有不自知者。所以认贼作子，正为致知之学不明，不知在良知上体认之耳。

三

来书又云："师云：'为学终身只是一事，不论有事无事，只是这一件。若说宁不了事，不可不加培养，却是分为两事也。'窃意觉精力衰弱，不足以终事者，良知也。宁不了事，且加休养，致知也。如何却为两事？若事变之来，有事势不容不了。而精力虽衰，稍鼓舞亦能支持，则持志以帅气可矣[①]。然言动终无气力，毕事则困惫已甚，不几于暴其气已乎？此其轻重缓急，良知固未尝不知，然或迫于事势，安能顾精力？或困于精力，安能顾事势？如之何则可？"

"宁不了事，不可不加培养"之意，且与初学如此说，亦不为无益。但作两事看了，便有病痛在。孟子言"必有事焉"，则君子之学终身只是"集义"一事。义者，宜也，心得其宜之谓义。能致良知则心得其宜矣，故"集义"亦只是致良知。君子之酬酢万变，当行则行，当止则止，当生则生，当死则死，斟酌调停，无非是致其良知，以求自慊而已。故"君子素其位而行""思不出其位[②]"。凡谋其力之所不及，而强其知之所

① 持志以帅气可矣：语出《孟子·公孙丑上》。

② 思不出其位：语出《论语·宪问篇》。

不能者，皆不得为致良知。而凡“劳其筋骨，饿其体肤，空乏其身，行拂乱其所为，动心忍性，以增益其所不能”者，皆所以致其良知也。若云“宁不了事，不可不加培养”者，亦是先有功利之心，较计成败利钝，而爱憎取舍于其间，是以将“了事”自作一事，而“培养”又别作一事，此便有是内非外之意，便是“自私用智”，便是“义外”，便有“不得于心，勿求于气”之病，便不是致良知以求自慊之功矣。

所云鼓舞支持，毕事则困惫已甚，又云迫于事势，困于精力，皆是把作两事做了，所以有此。凡学问之功，一则诚，二则伪。凡此皆是致良知之意，欠诚一真切之故。《大学》言：“诚其意者，如恶恶臭，如好好色，此之谓自慊。”曾见有恶恶臭，好好色，而须鼓舞支持者乎？曾见毕事则困惫已甚者乎？曾有迫于事势、困于精力者乎？此可以知其受病之所从来矣。

四

来书又有云：“人情机诈百出，御之以不疑，往往为所欺。觉则自入于逆亿[1]。夫逆诈，即诈也；亿不信，即非信也；为人欺，又非觉也。不逆不亿而常先觉，其惟良知莹彻乎？然而出入毫忽之间，背觉合诈者多矣。”

不逆不亿而先觉，此孔子因当时人专以逆诈亿不信为心，而自陷于诈与不信。又有不逆不亿者，然不知致良知之功，而

① 觉则自入于逆亿：语出《论语·宪问篇》。

往往又为人所欺诈，故有是言。非教人以是存心，而专欲先觉人之诈与不信也。以是存心，即是后世猜忌险薄者之事；而只此一念，已不可与入尧舜之道矣。不逆不亿而为人所欺者，尚亦不失为善。但不如能致其良知，而自然先觉者之尤为贤耳。崇一谓“其惟良知莹彻”者，盖已得其旨矣。然亦颖悟所及，恐未实际也。

盖良知之在人心，亘万古、塞宇宙而无不同。不虑而知，“恒易以知险”；不学而能，“恒简以知阻”[①]。“先天而天不违，天且不违，而况于人乎？况于鬼神乎？[②]”夫谓背觉合诈者，是虽不逆人，而或未能无自欺也。虽不亿人，而或未能果自信也。是或常有求先觉之心，而未能常自觉也。常有求先觉之心，即已流于逆亿而足以自蔽其良知矣。此背觉合诈之所以未免也。

君子学以为己[③]，未尝虞人之欺己也，恒不自欺其良知而已。未尝虞人之不信己也，恒自信其良知而已。未尝求先觉人之诈与不信也，恒务自觉其良知而已。是故不欺则良知无所伪而诚，诚则明矣；自信则良知无所惑而明，明则诚矣。明诚相生，是故良知常觉常照。常觉常照，则如明镜之悬，而物之来者自不能遁其妍媸矣。何者？不欺而诚，则无所容其欺，苟有欺

① 恒易以知险：与下文“恒简以知阻”，语出《周易·系辞下》：“夫乾，天下之至健也，德行恒易以知险；夫坤，天下之至顺也，德行恒简以知阻。”

② “先天而不违”四句：语出《周易·乾卦·文言》。

③ 君子学以为己：语出《论语·宪问篇》。

焉而觉矣。自信而明，则无所容其不信，苟不信焉而觉矣。是谓易以知险，简以知阻，子思所谓至诚如神，可以前知[1]者也。然子思谓“如神”，谓“可以前知”，犹二而言之，是盖推言思诚者之功效，是犹为不能先觉者说也。若就至诚而言，则至诚之妙用，即谓之“神”，不必言“如神”，至诚则无知而无不知，不必言“可以前知”矣。

① 至诚如神，可以前知：语出《中庸》。

答罗整庵少宰书

一

某顿首启：昨承教及《大学》，发舟匆匆，未能奉答。晓来江行稍暇，复取手教而读之。恐至赣后，人事复纷沓，先具其略以请。

来教云："见道固难，而体道尤难。道诚未易明，而学诚不可不讲。恐未可安于所见而遂以为极则也。"

幸甚幸甚！何以得闻斯言乎？其敢自以为极则而安之乎？正思就天下之道以讲明之耳。而数年以来，闻其说而非笑之者有矣，诟訾之者有矣，置之不足较量辨议之者有矣，其肯遂以教我乎？其肯遂以教我，而反复晓谕，恻然惟恐不及救正之乎？然则天下之爱我者，固莫有如执事之心深且至矣！感激当何如哉！

夫"德之不修，学之不讲[①]"，孔子以为忧。而世之学者，稍能传习训诂，即皆自以为知学，不复有所谓讲学之求，可悲矣！夫道必体而后见，非已见道而后加体道之功也。道必学而后明，非外讲学而复有所谓明道之事也。然世之讲学者有二，有讲之以身心者，有讲之以口耳者。讲之以口耳，揣摸测度，求之影

① 德之不修，学之不讲：语出《论语·述而篇》："子曰：'德之不修，学之不讲，闻义不能徙，不善不能改，是吾忧也。'"

响者也；讲之以身心，行著习察，实有诸己者也。知此，则知孔门之学矣。

二

来教谓某："《大学》古本之复，以人之为学但当求之于内，而程、朱'格物'之说不免求之于外，遂去朱子之分章，而削其所补之传。"

非敢然也。学岂有内外乎？《大学》古本乃孔门相传旧本耳，朱子疑其有所脱误而改正补缉之，在某则谓其本无脱误，悉从其旧而已矣。失在于过信孔子则有之，非故去朱子之分章而削其传也。夫学贵得之心，求之于心而非也，虽其言之出于孔子，不敢以为是也，而况其未及孔子者乎？求之于心而是也，虽其言之出于庸常，不敢以为非也，而况其出于孔子者乎？且旧本之传数千载矣，今读其文词，既明白而可通；论其工夫，又易简而可入。亦何所按据而断其此段之必在于彼，彼段之必在于此，与此之如何而缺，彼之如何而补？而遂改正补缉之，无乃重于背朱而轻于叛孔已乎？

三

来教谓："如必以学不资于外求，但当反观内省以为务，则'正心诚意'四字，亦何不尽之有？何必于入门之际，便困以'格物'一段工夫也？"

诚然诚然！若语其要，则"修身"二字亦足矣，何必又言

“正心”？“正心”二字亦足矣，何必又言“诚意”？“诚意”二字亦足矣，何必又言“致知”，又言“格物”？惟其工夫之详密，而要之只是一事，此所以为“精一”之学，此正不可不思者也。夫理无内外，性无内外，故学无内外。讲习讨论，未尝非内也；反观内省，未尝遗外也。夫谓学必资于外求，是以己性为有外也，是“义外”也，用智者也；谓反观内省为求之于内，是以己性为有内也，是有我也，自私者也：是皆不知性之无内外也。故曰：“精义入神，以致用也；利用安身，以崇德也[①]。”“性之德也，合内外之道也[②]。”此可以知“格物”之学矣。“格物”者，《大学》之实下手处，彻首彻尾，自始学至圣人，只此工夫而已，非但入门之际有此一段也。

夫“正心”“诚意”“致知”“格物”，皆所以“修身”。而“格物”者，其所用力，日可见之地。故“格物”者，格其心之物也，格其意之物也，格其知之物也；“正心”者，正其物之心也；“诚意”者，诚其物之意也；“致知”者，致其物之知也。此岂有内外彼此之分哉？理一而已。以其理之凝聚而言，则谓之“性”；以其凝聚之主宰而言，则谓之“心”，以其主宰之发动而言，则谓之“意”，以其发动之明觉而言，则谓之“知”；以其明觉之感感而言，则谓之“物”。故就物而言，谓之“格”；就知而言，谓之“致”；就意而言，谓之“诚”；就心而言，谓之“正”。正者，正此也；诚者，诚此

① “精义入神”四句：语出《周易·系辞下》。

② 性之德也，合内外之道也：语出《中庸》。

也；致者，致此也；格者，格此也。皆所谓穷理以尽性也。天下无性外之理，无性外之物。学之不明，皆由世之儒者认理为外，认物为外，而不知“义外”之说，孟子何尝辟之，乃至袭陷其内而不觉，岂非亦有似是而难明者欤？不可以不察也！

四

凡执事所以致疑于“格物”之说者，必谓其是内而非外也；必谓其专事于反观内省之为，而遗弃其讲习讨论之功也；必谓其一意于纲领本原之约，而脱略于支条节目之详也；必谓其沉溺于枯槁虚寂之偏，而不尽于物理人事之变也。审如是，岂但获罪于圣门，获罪于朱子；是邪说诬民，叛道乱正，人得而诛之也，而况于执事之正直哉？审如是，世之稍明训诂，闻先哲之绪论者，皆知其非也，而况执事之高明哉？凡某之所谓“格物”，其于朱子“九条”之说[1]，皆包罗统括于其中；但为之有要，作用不同，正所谓毫厘之差耳。然毫厘之差，而千里之谬，实起于此，不可不辨。

五

孟子辟杨、墨至于“无父、无君”。二子亦当时之贤者，使与孟子并世而生，未必不以之为贤。墨子“兼爱”，行仁而过耳；杨子“为我”，行义而过耳。此其为说，亦岂灭理乱常之

① 朱子“九条”之说：朱熹在《大学或问》中曾提出的格物致知的方法，一共九个条目。

甚，而足以眩天下哉？而其流之弊，孟子至比于禽兽夷狄，所谓“以学术杀天下后世”也。

今世学术之弊，其谓之学仁而过者乎？谓之学义而过者乎？抑谓之学不仁不义而过者乎？吾不知其于洪水猛兽何如也。孟子云：“予岂好辨哉？予不得已也。”杨、墨之道塞天下。孟子之时，天下之尊信杨、墨，当不下于今日之崇尚朱说。而孟子独以一人呶呶于其间。噫。可哀矣！韩氏云：“佛、老之害，甚于杨、墨。韩愈之贤不及孟子，孟子不能救之于未坏之先，而韩愈乃欲全之于已坏之后，其亦不量其力，果见其身之危，莫之救以死也。”呜呼！若某者，其尤不量其力，果见其身之危，莫之救以死也矣！夫众方嘻嘻之中，而独出涕嗟若，举世恬然以趋，而独疾首蹙额以为忧，此其非病狂丧心，殆必诚有大苦者隐于其中，而非天下之至仁，其孰能察之？

其为《朱子晚年定论》，盖亦不得已而然。中间年岁早晚，诚有所未考，虽不必尽出于晚年，固多出于晚年者矣。然大意在委曲调停以明此学为重。平生于朱子之说，如神明蓍龟，一旦与之背驰，心诚有所未忍，故不得已而为此。“知我者谓我心忧，不知我者谓我何求。”盖不忍抵牾朱子者，其本心也；不得已而与之抵牾者，道固如是，“不直则道不见”也。执事所谓“决与朱子异”者，仆敢自欺其心哉？夫道，天下之公道也；学，天下之公学也。非朱子可得而私也，非孔子可得而私也。天下之公也，公言之而已矣。故言之而是，虽异于己，乃益于己也；言之而非，虽同于己，适损于己也。益于己者，己必喜之；损于己者，己必恶之。然则某今日之论，虽或于朱子异，未必非其所喜也。“君子之过，如日月之食，其更也，人皆仰之。”而“小人之过也，必文”。某虽不肖，固不敢以小人之心事朱子也。

六

执事所以教，反复数百言，皆以未悉鄙人“格物”之说。若鄙说一明，则此数百言，皆可以不待辨说而释然无滞，故今不敢缕缕以滋琐屑之渎。然鄙说非面陈口析，断亦未能了了于纸笔间也。嗟乎！执事所以开导启迪于我者，可谓恳到详切矣。人之爱我，宁有如执事者乎？仆虽甚愚下，宁不知所感刻佩服？然而不敢遽舍其中心之诚然而姑以听受云者，正不敢有负于深爱，亦思有以报之耳。秋尽东还，必求一面，以卒所请。千万终教！

答聂文蔚（一）

一

春间远劳迂途枉顾问证，惓惓此情，何可当也！已期二三同志，更处静地，扳留旬日，少效其鄙见，以求切劘[1]之益；而公期俗绊，势有不能，别去极怏怏，如有所失。忽承笺惠，反复千余言，读之无甚浣慰。中间推许太过，盖亦奖掖之盛心，而规砺真切，思欲纳之于贤圣之域；又托诸崇一以致其勤勤恳恳之怀，此非深交笃爱何以及是！知感知愧，且惧其无以堪之也。虽然，仆亦何敢不自鞭勉，而徒以感愧辞让为乎哉！其谓“思、孟、周、程无意相遭于千载之下，与其尽信于天下，不若真信于一人。道固自在。学亦自在，天下信之不为多，一人信之不为少者，斯固君子‘不见是而无闷[2]’之心，岂世之谫谫屑屑[3]者知足以及之乎？”乃仆之情，则有大不得已者存乎其间，而非以计人之信与不信也。

---

① 切劘（mó）：切磋相正。

② 不见是而无闷：语出《周易·文言》。

③ 谫（jiǎn）谫屑屑：浅薄猥琐。

二

夫人者，天地之心[①]。天地万物，本吾一体者也。生民之困苦荼毒，孰非疾痛之切于吾身者乎？不知吾身之疾痛，无是非之心者也。是非之心，不虑而知，不学而能，所谓“良知”也。良知之在人心，无间于圣愚，天下古今之所同也。世之君子惟务致其良知，则自能公是非、同好恶，视人犹己，视国犹家，而以天地万物为一体，求天下无治，不可得矣。古之人所以能见善不啻若己出，见恶不啻若己入，视民之饥溺犹己之饥溺[②]，而一夫不获，若己推而纳诸沟中者[③]，非故为是而以蕲天下之信己也，务致其良知，求自慊而已矣。尧、舜、三王之圣，言而民莫不信者，致其良知而言之也；行而民莫不说者，致其良知而行之也。是以其民熙熙皞皞，杀之不怨，利之不庸[④]，施及蛮貊[⑤]，而凡有血气者莫不尊亲，为其良知之同也。呜呼！圣人之治天下，何其简且易哉！

---

① 夫人者，天地之心：语出《礼记·礼运》。

② 视民之饥溺犹己之饥溺：语出《孟子·离娄下》。

③ 若己推而纳诸沟中者：语出《孟子·万章上》。

④ 杀之不怨，利之不庸：语出《孟子·尽心上》：“孟子曰：‘霸者之民驩虞如也。王者之民皞皞如也。杀之而不怨，利之而不庸，民日迁善而不知为之者。’”

⑤ 蛮貊（mò）：泛指少数民族。《尚书·武成》：“华夏蛮貊，罔不率俾。”

三

后世良知之学不明，天下之人用其私智以相比轧，是以人各有心，而偏琐僻陋之见，狡伪阴邪之术，至于不可胜说。外假仁义之名，而内以行其自私自利之实，诡辞以阿俗，矫行以干誉。掩人之善而袭以为己长，讦人之私而窃以为己直①。忿以相胜而犹谓之徇义，险以相倾而犹谓之疾恶。妒贤忌能而犹自以为公是非，恣情纵欲而犹自以为同好恶。相陵相贼，自其一家骨肉之亲，已不能无尔我胜负之意、彼此藩篱②之形，而况于天下之大、民物之众，又何能一体而视之？则无怪于纷纷籍籍而祸乱相寻于无穷矣。

四

仆诚赖天之灵，偶有见于良知之学，以为必由此而后天下可得而治。是以每念斯民之陷溺，则为之戚然痛心，忘其身之不肖，而思以此救之，亦不自知其量者。天下之人见其若是，遂相与非笑而诋斥之，以为是病狂丧心之人耳。呜呼！是奚足恤哉！吾方疾痛之切体，而暇计人之非笑乎？人固有见其父子兄弟之坠溺于深渊者，呼号匍匐，裸跣颠顿，扳悬崖壁而下拯之。士之见者，方相与揖让谈笑于其旁，以为是弃其礼貌衣冠而

---

① 讦（jié）人之私而窃以为己直：语出《论语·阳货篇》。讦，攻击别人的短处或揭发别人的隐私。

② 藩篱：用竹木编成的篱笆或围栅。引申为守卫、防备。

呼号颠顿若此，是病狂丧心者也。故夫揖让谈笑于溺人之旁而不知救，此惟行路之人，无亲戚骨肉之情者能之。然已谓之“无恻隐之心，非人矣”。若夫在父子兄弟之爱者，则固未有不痛心疾首，狂奔尽气，匍匐而拯之，彼将陷溺于祸有不顾，而况于病狂丧心之讥乎？而又况于蕲人信与不信乎？呜呼！今之人虽谓仆为病狂丧心之人，亦无不可矣。天下之人心，皆吾之心也。天下之人犹有病狂者矣，吾安得而非病狂乎？犹有丧心者矣，吾安得而非丧心乎？

五

昔者孔子之在当时，有议其为谄[①]者，有讥其为佞[②]者，有毁其未贤[③]，诋其为不知礼[④]，而侮之以为东家丘者，有嫉而沮之[⑤]者，有恶而欲杀之者[⑥]，晨门荷蒉[⑦]之徒，皆当时之贤士，且曰：“是知其不可而为之者欤[⑧]？”鄙哉，硁硁乎！莫己知也，斯已而已矣。”虽子路在升堂之列，尚不能无疑于其所见，不悦

---

① 议其为谄：语出《论语·八佾篇》。
② 讥其为佞：语出《论语·宪问篇》。
③ 毁其未贤：语出《论语·子张篇》。
④ 诋其为不知礼：语出《论语·八佾篇》。
⑤ 嫉而沮之：语出《论语·微子篇》：“齐人归女乐，季桓子受之。三日不朝，孔子行。”朱熹注引《史记》云：“定公十四年，孔子为鲁司寇，摄行相事。齐人惧，归女乐以沮之。”
⑥ 有恶而欲杀之者：语出《论语·述而篇》。
⑦ 荷蒉（kuì）：和孔子同时代的隐士。
⑧ 是知其不可而为之者欤：这是隐士晨门对孔子的评价。语出《论语·宪问篇》。

于其所欲往，而且以之为迂，则当时之不信夫子者，岂特十之二三而已乎？然而夫子汲汲遑遑，若求亡子于道路，而不暇于暖席者，宁以蕲人之知我信我而已哉？盖其天地万物一体之仁，疾痛迫切，虽欲已之而自有所不容已，故其言曰："吾非斯人之徒与而谁与[①]？欲洁其身而乱大伦。果哉，末之难矣[②]！"呜呼！此非诚以天地万物为一体者，孰能以知夫子之心乎？若其"遁世无闷[③]""乐天知命[④]"者，则固"无入而不自得""道并行而不相悖"[⑤]也。

六

仆之不肖，何敢以夫子之道为己任？顾其心亦已稍知疾痛之在身，是以彷徨四顾，将求其有助于我者，相与讲去其病耳。今诚得豪杰同志之士，扶持匡翼，共明良知之学于天下，使天下之人皆知自致其良知，以相安相养，去其自私自利之蔽，一洗谗妒胜忿之习，以济于大同[⑥]，则仆之狂病固将脱然以愈，而终免于丧心之患矣，岂不快哉？嗟乎！今诚欲求豪杰同志之士于天下，非如吾文蔚者，而谁望之乎？如吾文蔚之才与志，诚足以援天下之溺者。今又既知其具之在我，而无假于外求矣。循

---

① 吾非斯人之徒与而谁与：语出《论语·微子篇》。

② 果哉，末之难矣：语出《论语·宪问篇》。

③ 遁世无闷：语出《周易·文言》。

④ 乐天知命：语出《周易·系辞上》。

⑤ "无入而不自得""道并行而不相悖"：语出《中庸》。

⑥ 大同：儒家的理想社会。

是而充，若决河注海，孰得而御哉？文蔚所谓“一人信之不为少”，其又能逊以委之何人乎？

七

会稽素号山水之区，深林长谷，信步皆是，寒暑晦明[1]，无时不宜，安居饱食，尘嚣无扰，良朋四集，道义日新。优哉游哉，天地之间宁复有乐于是者？孔子云：“不怨天，不尤人，下学而上达。[2]”仆与二三同志，方将请事斯语，奚暇外慕？独其切肤之痛，乃有未能恝然者，辄复云云尔。咳疾暑毒，书札绝懒。盛使远来，迟留经月，临岐执笔，又不觉累纸。盖于相知之深，虽已缕缕至此，殊觉有所未能尽也。

---

① 晦明：指阴晴。

② “不怨天”三句：语出《论语·宪问篇》。

答聂文蔚（二）

一

得书，见近来所学之骤进，喜慰不可言。谛视数过，其间虽亦有一二未莹彻处，却是致良知之功尚未纯熟，到纯熟时自无此矣。譬之驱车，既已由于康庄大道[①]之中，或时横斜迂曲者，乃马性未调，衔勒不齐之故，然已只在康庄大道中，决不赚入旁蹊曲径矣。近时海内同志，到此地位者曾未多见，喜慰不可言，斯道之幸也！贱躯旧有咳嗽畏热之病，近入炎方，辄复大作。主上圣明洞察，责付甚重，不敢遽辞。地方军务冗沓，皆舆疾从事。今却幸已平定，已具本乞回养病，得在林下稍就清凉，或可瘳[②]耳。人还，伏枕草草，不尽倾企，外惟濬[③]一简，幸达致之。

二

来书所询，草草奉复一二。近岁来山中讲学者，往往多说

① 康庄大道：语出《尔雅·释宫》。意为四通八达的大道。

② 瘳（chōu）：病愈。

③ 惟濬：陈九川（1494—1562），字惟濬，号明水，江西临川人。正德九年（1514）进士。授太常博士，以谏武宗南巡除名。世宗即位，起复为主客司郎中。王阳明门人。

“勿忘勿助[①]”工夫甚难。问之，则云才着意便是助，才不着意便是忘，所以甚难。区区因问之云：“忘是忘个甚么？助是助个甚么？”其人默然无对，始请问。区区因与说我此间讲学，却只说个“必有事焉”，不说“勿忘勿助”。“必有事焉”者只是时时去“集义”。若时时去用“必有事”的工夫。而或有时间断，此便是忘了，即须“勿忘”。时时去用“必有事”的工夫，而或有时欲速求效，此便是助了，即须“勿助”。其工夫全在“必有事焉”上用。“勿忘勿助”，只就其间提撕警觉而已。若是工夫原不间断，即不须更说“勿忘”；原不欲速求效，即不须更说“勿助”。此其工夫何等明白简易！何等洒脱自在！今却不去“必有事”上用工，而乃悬空守着一个“勿忘勿助”，此正如烧锅煮饭，锅内不曾渍水下米，而乃专去添柴放火，不知毕竟煮出个甚么物来！吾恐火候未及调停，而锅已先破裂矣。

近日一种专在“勿忘勿助”上用工者，其病正是如此。终日悬空去做个“勿忘”，又悬空去做个“勿助”，渀渀荡荡，全无实落下手处，究竟工夫，只做得个沉空守寂，学成一个痴呆汉，才遇些子事来，即便牵滞纷扰，不复能经纶宰制。此皆有志之士，而乃使之劳苦缠缚，担阁一生，皆由学术误人之故。甚可悯矣！

三

夫“必有事焉”只是“集义”，“集义”只是“致良知”。

---

① 勿忘勿助：与下文“必有事焉”“集义”，语出《孟子·公孙丑上》。

说“集义”则一时未见头脑，说“致良知”即当下便有实地步可用功，故区区专说“致良知”。随时就事上致其良知，便是“格物”；着实去致良知，便是“诚意”；着实致其良知，而无一毫“意必固我”，便是“正心”。着实致良知，则自无忘之病；无一毫意必固我，则自无助之病。故说“格、致、诚、正”，则不必更说个“忘助”。孟子说“忘助”，亦就告子得病处立方。告子强制其心，是“助”的病痛，故孟子专说助长之害。告子助长，亦是他以义为外，不知就自心上“集义”，在“必有事焉”上用功，是以如此。若时时刻刻就自心上“集义”，则良知之体洞然明白，自然是是非非纤毫莫遁，又焉有“不得于言，勿求于心；不得于心，勿求于气[①]”之弊乎？孟子“集义”“养气”之说，固大有功于后学，然亦是因病立方，说得大段，不若《大学》“格、致、诚、正”之功，尤极精一简易，为彻上彻下、万世无弊者也。

四

圣贤论学，多是随时就事，虽言若人殊，而要其工夫头脑，若合符节。缘天地之间，原只有此性，只有此理，只有此良知，只有此一件事耳。故凡就古人论学处说工夫，更不必搀和兼搭而说，自然无不吻合贯通者。才须搀和兼搭而说，即是自己工夫未明彻也。

---

① “不得于言”四句：语出《孟子·公孙丑上》。

近时有谓“集义”之功，必须兼搭个“致良知”而后备者，则是“集义”之功尚未了彻也。“集义”之功尚未了彻，适足以为“致良知”之累而已矣。谓“致良知”之功，必须兼搭一个“勿忘勿助”而后明者，则是“致良知”之功尚未了彻也。“致良知”之功尚未了彻，适足以为“勿忘勿助”之累而已矣。若此者，皆是就文义上解释牵附，以求混融凑泊，而不曾就自己实工夫上体验，是以论之愈精，而去之愈远。文蔚之论，其于大本达道既已沛然无疑，至于“致知”“穷理”及“忘助”等说，时亦有搀和兼搭处，却是区区所谓康庄大道之中，或时横斜迂曲者。到得工夫熟后，自将释然矣。

五

文蔚谓“致知之说，求之事亲从兄之间，便觉有所持循”者，此段最见近来真切笃实之功。但以此自为，不妨自有得力处，以此遂为定说教人，却未免又有因药发病之患，亦不可不一讲也。

盖良知只是一个天理自然明觉发见处，只是一个真诚恻怛，便是他本体。故致此良知之真诚恻怛以事亲便是孝，致此良知之真诚恻怛以从兄便是弟，致此良知之真诚恻怛以事君便是忠，只是一个良知，一个真诚恻怛。若是从兄的良知不能致其真诚恻怛，即是事亲的良知不能致其真诚恻怛矣；事君的良知不能致其真诚恻怛，即是从兄的良知不能致其真诚恻怛矣。故致得事君的良知，便是致却从兄的良知；致得从兄的良知，便是致却事亲的良知。不是事君的良知不能致，却须又从事亲的良知上去扩充将来。如此，又是脱却本原，着在支节上求了。良知只是一个，随他发见流行处，当下具足，更无去来，不须假借。然其发见流行处，却自有轻重厚薄，毫发不容增减者，所谓“天然自有之中[①]”也。虽则轻重厚薄，毫发不容增减，而原又只是一个。虽则只是一个，而其间轻重厚薄，又毫发不容增减。若可得增减，若须假借，即已非其真诚恻怛之本体矣。此良知之妙用所以无方体，无穷尽，“语大天下莫能载，语小天下莫能破[②]”者也。

六

孟氏“尧舜之道，孝弟而已”者，是就人之良知发见得最真切笃厚、不容蔽昧处提省人，使人于事君、处友、仁民、爱物，与凡动静、语默间，皆只是致他那一念事亲从兄真诚恻怛的良知，即自然无不是道。盖天下之事虽千变万化，至于不可穷诘。而但惟致此事亲、从兄一念真诚恻怛之良知以应之，则更无有遗缺渗漏者，正谓其只有此一个良知故也。事亲从兄一念良知之外，更无有良知可致得者。故曰：“尧舜之道，孝弟而已矣。”此所以为“惟精惟一”之学，“放之四海而皆准”，“施诸后世而无朝夕[③]”者也。文蔚云：“欲于事亲从兄之间，而求所谓良知之学。”就自己用工得力处如此说，亦无不可。若曰

---

① 天然自有之中：语出朱熹《大学或问》：“程子所谓天然自有之中。”

② 语大天下莫能载，语小天下莫能破：语出《中庸》：“故君子语大，天下莫能载焉；语小，天下莫能破焉。”

③ 施诸后世而无朝夕：意为具有普遍性，后世要一直施行它，没有一朝一夕可以例外。语出《礼记·祭义》。

"致其良知之真诚恻怛以求尽夫事亲从兄之道焉"，亦无不可也。明道云："行仁自孝弟始。孝弟是仁之一事，谓之行仁之本则可，谓是仁之本则不可[1]。"其说是矣。

七

亿、逆、先觉之说，文蔚谓"诚则旁行曲防，皆良知之用"，甚善甚善！间有搀搭处，则前已言之矣。惟濬之言亦未为不是，在文蔚须有取于惟濬之言而后尽，在惟濬又须有取于文蔚之言而后明；不然，则亦未免各有倚着之病也。"舜察迩言而询刍荛[2]"，非是以迩言当察、刍荛当询，而后如此，乃良知之发见流行，光明圆莹，更无挂碍遮隔处，此所以谓之大知；才有执着意必，其知便小矣。讲学中自有去取分辨，然就心地上着实用功夫，却须如此方是。

八

"尽心"三节，区区曾有生知、学知、困知之说，颇已明白，无可疑者。盖尽心、知性、知天者，不必说存心、养性、事天，不必说"夭寿不贰，修身以俟"，而存心、养性与"修身以俟"之功，已在其中矣。存心、养性、事天者，虽未到得尽

① 谓之行仁之本则可，谓是仁之本则不可：语出《河南程氏遗书》卷十八。意为孝悌是行仁的根本，但不是仁的根本。

② 舜察迩言而询刍荛（chú ráo）："舜察迩言"典出《中庸》，"而询刍荛"典出《诗经·大雅·板》。刍荛，割草打柴的人，多用以指草野鄙陋之人。常作向人陈述意见的谦辞。

心、知天的地位，然已是在那里做个求到尽心、知天的工夫，更不必说“夭寿不贰，修身以俟”，而“夭寿不贰，修身以俟”之功已在其中矣。

譬之行路，尽心、知天者，如年力壮健之人，既能奔走往来于数千百里之间者也；存心、事天者，如童稚之年，使之学习步趋[①]于庭除[②]之间者也；“夭寿不贰，修身以俟”者，如襁抱之孩，方使之扶墙旁壁，而渐学起立移步者也。既已能奔走往来于数千里之间者，则不必更使之于庭除之间而学步趋，而步趋于庭除之间，自无弗能矣。既已能步趋于庭除之间，则不必更使之扶墙旁壁而学起立移步，而起立移步自无弗能矣。然学起立移步，便是学步趋庭除之始，学步趋庭除，便是学奔走往来于数千里之基，固非有二事，但其工夫之难易则相去悬绝矣。心也，性也，天也，一也。故及其知之成功则一[③]。然而三者人品力量，自有阶级，不可躐[④]等而能也。

细观文蔚之论，其意似恐尽心、知天者，废却存心、修身之功，而反为尽心、知天之病。是盖为圣人忧工夫之或间断，而不知为自己忧工夫之未真切也。吾侪用工，却须专心致志，在“夭寿不贰、修身以俟”上做，只此便是做尽心、知天工夫之始。正如学起立移步，便是学奔走千里之始。吾方自虑其不能起立移步，而岂遽虑其不能奔走千里，又况为奔走千里者而虑其或

---

① 步趋：行走。

② 庭除：庭院的台阶，指庭院。

③ 及其知之成功则一：语出《中庸》。

④ 躐（liè）：逾越。

遗忘于起立移步之习哉？

文蔚识见本自超绝迈往，而所论云然者，亦是未能脱去旧时解说文义之习，是为此三段书，分疏比合，以求融会贯通，而自添许多意见缠绕，反使用工不专一也。近时悬空去做“勿忘勿助”者，其意见正有此病，最能担误人，不可不涤除耳。

九

所谓“尊德性而道问学”一节，至当归一，更无可疑。此便是文蔚曾着实用功，然后能为此言。此本不是险僻难见的道理，人或意见不同者，还是良知尚有纤翳潜伏。若除去此纤翳，即自无不洞然矣。

十

已作书后，移卧檐间，偶遇无事，遂复答此。文蔚之学，既已得其大者，此等处久当释然自解，本不必屑屑如此分疏。但承相爱之厚，千里差人远及，谆谆下问，而竟虚来意，又自不能已于言也。然直戆[1]烦缕已甚，恃在信爱，当不为罪。惟濬处及谦之[2]、崇一处，各得转录一通寄视之，尤承一体之好也。

右南大吉录

---

① 戆（gàng）：憨厚而刚直。

② 谦之：邹守益（1491—1562），明朝理学家。字谦之，号东廓，安福（今属江西）人。正德进士。曾任太常少卿兼侍读学士，官至南京国子祭酒。先宗程朱，后师事王阳明，并笃守王学传统。

训蒙大意，示教读刘伯颂等

古之教者，教以人伦。后世记诵词章之习起，而先王之教亡。今教童子，惟当以孝弟忠信、礼义廉耻为专务。其栽培涵养之方，则宜诱之歌诗，以发其志意；导之习礼，以肃其威仪；讽之读书，以开其知觉。今人往往以歌诗、习礼为不切时务，此皆末俗庸鄙之见，乌足以知古人立教之意哉！

大抵童子之情，乐嬉游而惮拘检，如草木之始萌芽，舒畅之则条达，摧挠之则衰痿。今教童子，必使其趋向鼓舞，中心喜悦，则其进自不能已。譬之时雨春风，沾被卉木，莫不萌动发越，自然日长月化。若冰霜剥落，则生意萧索，日就枯槁矣。故凡诱之歌诗者，非但发其志意而已，亦所以泄其跳号呼啸[①]于咏歌，宣其幽抑结滞于音节也。导之习礼者，非但肃其威仪而已，亦所以周旋揖让而动荡其血脉，拜起屈伸而固束其筋骸也。讽之读书者，非但开其知觉而已，亦所以沉潜反复而存其心、抑扬讽诵以宣其志也。凡此皆所以顺导其志意，调理其性情，潜消其鄙吝，默化其粗顽。日使之渐于礼义而不苦其难，入于中和而不知其故，是盖先王立教之微意也。

---

① 跳号呼啸：意指又跳又叫，高声呼喊。

若近世之训蒙稚者，日惟督以句读课仿，责其检束，而不知导之以礼；求其聪明，而不知养之以善；鞭挞绳缚，若待拘囚。彼视学舍如囹狱而不肯入，视师长如寇仇而不欲见，窥避掩覆以遂其嬉游，设诈饰诡以肆其顽鄙，偷薄庸劣，日趋下流。是盖驱之于恶而求其为善也。何可得乎？

凡吾所以教，其意实在于此。恐时俗不察，视以为迂，且吾亦将去，故特叮咛以告。尔诸教读，其务体吾意，永以为训；毋辄因时俗之言，“改废其绳墨[①]”，庶成“蒙以养正[②]”之功矣。念之！念之！

---

① 改废其绳墨：语出《孟子·尽心上》。绳墨，比喻规矩或法度。

② 蒙以养正：语出《周易·蒙卦·彖传》。

教约

一

每日清晨，诸生参揖毕，教读以次。遍询诸生：在家所以爱亲敬长之心，得无懈忽，未能真切否？温清定省之仪，得无亏缺，未能实践否？往来街衢，步趋礼节，得无放荡，未能谨饬否？一应言行心术，得无欺妄非僻，未能忠信笃敬[①]否？诸童子务要各以实对，有则改之，无则加勉。教读复随时就事，曲加诲谕开发，然后各退就席肄业。

二

凡歌《诗》，须要整容定气，清朗其声音，均审其节调。毋躁而急，毋荡而嚣，毋馁而慑。久则精神宣畅，心气和平矣。每学量童生多寡，分为四班。每日轮一班歌《诗》，其余皆就席，敛容肃听。每五日则总四班递歌于本学。每朔望，集各学会歌于书院。

① 忠信笃敬：语出《论语·卫灵公篇》："言忠信，行笃敬。"

三

凡习礼，须要澄心肃虑，审其仪节，度其容止。毋忽而惰，毋沮而怍，毋径而野。从容而不失之迂缓，修谨而不失之拘局。久则体貌习熟、德性坚定矣。童生班次，皆如歌《诗》。每间一日，则轮一班习礼，其余皆就席，敛容肃观。习礼之日，免其课仿。每十日则总四班递习于本学，每朔望，则集各学会习于书院。

四

凡授书不在徒多，但贵精熟。量其资禀，能二百字者，止可授以一百字，常使精神力量有余，则无厌苦之患，而有自得之美。讽诵之际，务令专心一志，口诵心惟，字字句句，紬绎[1]反复，抑扬其音节，宽虚其心意，久则义礼浃洽、聪明日开矣。

五

每日工夫，先考德，次背书诵书，次习礼，或作课仿，次复诵书讲书，次歌《诗》。凡习礼歌《诗》之类，皆所以常存童子之心，使其乐习不倦，而无暇及于邪僻。教者如此，则知所施矣。虽然，此其大略也。“神而明之，则存乎其人[2]。”

---

① 紬（chōu）绎：今多作“抽绎”。引端伸义，阐述。

② 神而明之，则存乎其人：语出《周易·系辞上》。

下卷

陈九川录

一

正德乙亥，九川初见先生于龙江。先生与甘泉先生[1]论“格物”之说。甘泉持旧说。先生曰：“是求之于外了。”甘泉曰：“若以格物理为外，是自小其心也。”九川甚喜旧说之是。先生又论《尽心》一章，九川一闻，却遂无疑。

后家居，复以“格物”遗质先生。答云：“但能实地用功，久当自释。”山间乃自录《大学》旧本读之，觉朱子格物之说非是；然亦疑先生以意之所在为物，物字未明。

己卯，归自京师，再见先生于洪都[2]。先生兵务倥偬[3]，乘隙讲授，首问：“近年用功何如？”

九川曰：“近年体验得‘明明德’功夫只是‘诚意’。自‘明明德于天下’，步步推入根源，到‘诚意’上，再去不得，如何以前又有‘格致’工夫？后又体验，觉得意之诚伪，

① 甘泉先生：湛若水（1466—1560），明理学家。字元明，号甘泉，增城（今广东广州市增城区）人。弘治进士。曾任编修、南京国子监祭酒、礼部侍郎，官至南京礼、吏、兵三部尚书。

② 洪都：江西省旧南昌府（治今南昌市）的别称。因隋、唐、宋三代曾在此置洪州，又为东南都会而得名。

③ 倥偬（kǒng zǒng）：多而急迫，匆忙。

必先知觉乃可，以颜子'有不善未尝知之，知之未尝复行'为证，豁然若无疑，却又多了'格物'功夫。又思来吾心之灵，何有不知意之善恶？只是物欲蔽了，须格去物欲，始能如颜子未尝不知耳。又自疑功夫颠倒，与诚意不成片段。后问希颜。希颜曰：'先生谓格物致知是诚意功夫，极好。'九川曰：'如何是诚意功夫？'希颜令再思体看。九川终不悟，请问。"

先生曰："惜哉！此可一言而悟，惟濬所举颜子事便是了。只要知身、心、意、知、物是一件。"

九川疑曰："物在外，如何与身、心、意、知是一件？"

先生曰："耳、目、口、鼻、四肢，身也，非心安能视、听、言、动？心欲视、听、言、动，无耳、目、口、鼻、四肢，亦不能。故无心则无身，无身则无心。但指其充塞处言之谓之身，指其主宰处言之谓之心，指心之发动处谓之意，指意之灵明处谓之知，指意之涉着处谓之物，只是一件。意未有悬空的，必着事物，故欲诚意，则随意所在某事而格之。去其人欲，而归于天理，则良知之在此事者无蔽而得致矣。此便是诚意的功夫。"

九川乃释然破数年之疑。又问："甘泉近亦信用《大学》古本，谓格物犹言造道，又谓穷理如穷其巢穴之穷，以身至之也，故格物亦只是随处体认天理，似与先生之说渐同。"[①]

先生曰："甘泉用功，所以转得来。当时与说亲民字不须

① 陈九川此所引述甘泉之言，语出湛若水《答阳明》以及《寄陈惟濬》。

改，他亦不信。今论格物亦近，但不须换物字作理字，只还他一物字便是。”

后有人问九川曰：“今何不疑物字？”

曰：“《中庸》曰：‘不诚无物。’程子曰：‘物来顺应。’又如‘物各付物[①]’‘胸中无物[②]’之类，皆古人常用字也。”他日，先生亦云然。

二

九川问：“近年因厌泛滥之学，每要静坐，求屏息念虑，非惟不能，愈觉扰扰。如何？”

先生曰：“念如何可息？只是要正。”

曰：“当自有无念时否？”

先生曰：“实无无念时。”

曰：“如此，却如何言静？”

曰：“静未尝不动，动未尝不静。戒谨恐惧即是念，何分动静？”

曰：“周子何以言‘定之以中正仁义而主静[③]’？”

曰：“无欲故静，是‘静亦定，动亦定’的‘定’字，主其本体也。戒惧之念，是活泼泼地，此是天机不息处，所谓‘维天

---

① 物各付物：语出《河南程氏遗书》。

② 胸中无物：语出《河南程氏外书》卷十一：“尧夫胸中无事如此。”尧夫，即邵雍。

③ 定之以中正仁义而主静：语出周敦颐《太极图说》。

之命，於穆不已[①]'。一息便是死，非本体之念即是私念。"

三

又问："用功收心时，有声色在前，如常闻见，恐不是专一。"

曰："如何欲不闻见？除是槁木死灰，耳聋、目盲则可。只是虽闻见而不流去便是。"

曰："昔有人静坐，其子隔壁读书，不知其勤惰。程子称其甚敬[②]。何如？"

曰："伊川恐亦是讥他。"

四

又问："静坐用功，颇觉此心收敛，遇事又断了，旋起个念头，去事上省察，事过又寻旧功，还觉有内外[③]，打不作一片。"

先生曰："此'格物'之说未透。心何尝有内外？即如惟濬今在此讲论，又岂有一心在内照管？这听讲说时专敬，即是那静坐时心。功夫一贯，何须更起念头？人须在事上磨炼做功夫，乃有益。若只好静，遇事便乱，终无长进。那静时功夫，亦差似收

---

① 维天之命，於穆不已：语出《诗经·周颂·维天之命》。这是周人赞叹文王德行纯正的著名诗歌。

② 程子称其甚敬：语出《河南程氏遗书》卷三。

③ 内外：理学做功夫有静坐省察和躬行实践。许多人认为前者为内里的功夫，后者为外面的功夫，重视前者而忽视后者。

敛，而实放溺也。”

后在洪都，复与于中[1]、国裳[2]论内外之说，渠皆云：“物自有内外，但要内外并着功夫，不可有间耳。”以质先生。

曰：“功夫不离本体，本体原无内外。只为后来做功夫的分了内外，失其本体了。如今正要讲明功夫不要有内外，乃是本体功夫。”

是日俱有省。

五

又问：“陆子之学何如？”

先生曰：“濂溪、明道之后，还是象山，只还粗些。”

九川曰：“看他论学，篇篇说出骨髓，句句似针膏肓，却不见他粗。”

先生曰：“然。他心上用过功夫，与揣摹依仿求之文义自不同，但细看有粗处。用功久，当见之。”

---

① 于中：夏良胜（1480—1538），字于中，建昌府南城（今江西南城）人。正德三年（1508）进士。与陈九川关系密切。著有《中庸衍义》《东洲初稿》。

② 国裳：舒芬（1484—1527），字国裳，号梓溪，江西进贤人。正德十二年（1517）进士，授修撰。因谏武宗南巡，谪福建市舶司副提举。世宗即位，召复故官，不久因大礼案梃杖下狱。随即遭母丧归，由于哀毁过度而卒。

六

庚辰，往虔州，再见先生，问：“近来功夫，虽若稍知头脑，然难寻个稳当快乐处。”

先生曰：“尔却去心上寻个天理，此正所谓理障①。此间有个诀窍。”

曰：“请问如何？”

曰：“只是致知。”

曰：“如何致？”

曰：“尔那一点良知，是尔自家底准则。尔意念着处，他是便知是、非便知非，更瞒他一些不得。尔只不要欺他，实实落落依着他做去，善便存，恶便去，他这里何等稳当快乐。此便是‘格物’的真诀，‘致知’的实功。若不靠着这些真机，如何去格物？我亦近年体贴出来如此分明。初犹疑只依他恐有不足，精细看，无些小欠阙。”

七

在虔，与于中、谦之同侍。

先生曰：“人胸中各有个圣人，只自信不及，都自埋倒了。”因顾于中曰：“尔胸中原是圣人。”

于中起，不敢当。

---

① 理障：佛教用语。谓即明佛理，而又执着佛理，阻碍正知，是为理障。

先生曰："此是尔自家有的，如何要推？"

于中又曰："不敢。"

先生曰："众人皆有之，况在于中？却何故谦起来？谦亦不得。"

于中乃笑受。

又论："良知在人，随你如何，不能泯灭，虽盗贼亦自知不当为盗，唤他作贼，他还忸怩。"

于中曰："只是物欲遮蔽。良心在内，自不会失。如云自蔽日，日何尝失了？"

先生曰："于中如此聪明，他人见不及此。"

八

先生曰："这些子看得透彻，随他千言万语，是非诚伪，到前便明。合得的便是，合不得的便非，如佛家说'心印[①]'相似，真是个试金石、指南针。"

九

先生曰："人若知这良知诀窍，随他多少邪思枉念，这里一觉，都自消融。真个是'灵丹一粒，点铁成金[②]'。"

---

① 心印：佛教概念。禅宗主张不用语言、不立文字，直接以心印证，顿悟成佛，是为心印。语出宗宝改编本《六祖大师法宝坛经·顿渐品》。

② 灵丹一粒，点铁成金：语出《景德传灯录》。

十

崇一曰：“先生‘致知’之旨，发尽精蕴，看来这里再去不得。”

先生曰：“何言之易也！再用功半年看如何？又用功一年看如何？功夫愈久，愈觉不同，此难口说。”

十一

先生问：“九川于‘致知’之说，体验如何？”

九川曰：“自觉不同。往时操持，常不得个恰好处，此乃是恰好处。”

先生曰：“可知是体来与听讲不同。我初与讲时，知尔只是忽易，未有滋味。只这个要妙，再体到深处，日见不同，是无穷尽的。”又曰：“此‘致知’二字，真是个千古圣传之秘，见到这里，‘百世以俟圣人而不惑’。”

十二

九川问曰：“伊川说到‘体用一原，显微无间’处，门人已说是泄天机[1]。先生‘致知’之说，莫亦泄天机太甚否？”

先生曰：“圣人已指以示人，只为后人掩匿，我发明耳，何故说泄？此是人人自有的，觉来甚不打紧一般，然与不用实功

---

① “伊川”二句：语出《河南程氏外书》卷十二。

人说，亦甚轻忽可惜，彼此无益；与实用功而不得其要者提撕之，甚沛然得力。”

又曰：“知来本无知，觉来本无觉，然不知则遂沦埋。”

十三

先生曰：“大凡朋友，须箴规指摘处少，诱掖奖劝意多，方是。”

后又戒九川云：“与朋友论学，须委曲谦下，宽以居之[①]。”

十四

九川卧病虔州。

先生云：“病物亦难格，觉得如何？”

对曰：“功夫甚难。”

先生曰：“常快活便是功夫。”

十五

九川问：“自省念虑，或涉邪妄，或预料理[②]天下事，思到极处，井井有味，便缱绻[③]难屏，觉得早则易，觉迟则难，用力克治，愈觉扞格[④]，惟稍迁念他事，则随两忘。如此廓清，亦似

① 宽以居之：语出《周易·文言》。

② 料理：治理。

③ 缱绻（qiǎn quǎn）：形容情意深厚，犹言缠绵。

④ 扞（hàn）格：亦作“捍格”。互相抵触，格格不入。

无害。”

先生曰：“何须如此？只要在良知上着功夫。”

九川曰：“正谓那一时不知。”

先生曰：“我这里自有功夫，何缘得他来？只为尔功夫断了，便蔽其知。既断了，则继续旧功便是，何必如此？”

九川曰：“直是难鏖，虽知丢他不去。”

先生曰：“须是勇。用功久，自有勇。故曰‘是集义所生者’。胜得容易，便是大贤。”

十六

九川问：“此功夫却于心上体验明白，只解书不通。”

先生曰：“只要解心。心明白，书自然融会。若心上不通，只要书上文义通，却自生意见。”

十七

有一属官，因久听讲先生之学，曰：“此学甚好，只是簿书[①]讼狱繁难，不得为学。”

先生闻之，曰：“我何尝教尔离了簿书讼狱，悬空去讲学？尔既有官司之事，便从官司的事上为学，才是真格物。如问一词讼，不可因其应对无状，起个怒心；不可因他言语圆转，生个喜心；不可恶其嘱托，加意治之；不可因其请求，屈意从之；不可

---

① 簿书：官署中的文书簿册。

因自己事务烦冗，随意苟且断之；不可因旁人谮毁①罗织②，随人意思处之。这许多意思皆私，只尔自知，须精细省察克治，惟恐此心有一毫偏倚，枉人是非③，这便是格物致知。簿书讼狱之间，无非实学。若离了事物为学，却是着空。”

十八

虔州将归，有诗别先生云：“良知何事系多闻，妙合当时已种根。好恶从之为圣学，将迎无处是乾元。”

先生曰：“若未来讲此学，不知说‘好恶从之’从个甚么。”

敷英在座曰：“诚然。尝读先生《大学古本序》，不知所说何事。及来听讲许时，乃稍知大意。”

十九

于中、国裳辈同侍食。

先生曰：“凡饮食只是要养我身，食了要消化。若徒蓄积在肚里，便成痞④了，如何长得肌肤？后世学者博闻多识，留滞胸中，皆伤食之病也。”

---

① 谮（zèn）毁：谗言离间，毁谤。

② 罗织：虚构罪名，陷害无辜。

③ 枉人是非：原作“杜人是非”，据水西精舍本、胡宗宪本、郭朝宾本、四库全书本等版本改。枉，不正直，冤屈。

④ 痞：病症名。《玉篇·疒部》：“痞，腹内结病。”

二十

先生曰：“圣人亦是‘学知’，众人亦是‘生知’。”

问曰：“何如？”

曰：“这良知人人皆有，圣人只是保全，无些障蔽，兢兢业业[①]，亹亹翼翼[②]，自然不息，便也是学；只是生的分数多，所以谓之‘生知安行’。众人自孩提之童，莫不完具此知，只是障蔽多，然本体之知难泯息，虽问学克治，也只凭他，只是学的分数多，所以谓之‘学知利行’。”

---

① 兢兢业业：恐惧貌。《诗经·大雅·云汉》：“兢兢业业，如霆如雷。”《毛传》：“兢兢，恐也；业业，危也。”后常用以形容做事谨慎、勤恳。

② 亹（wěi）亹翼翼：勤勉不倦，小心谨慎。

黄直[1]录

一

黄以方问："先生格致之说，随时格物以致其知，则知是一节之知，非全体之知也，何以到得'溥博如天，渊泉如渊[2]'地位？"

先生曰："人心是天、渊。心之本体无所不该，原是一个天，只为私欲障碍，则天之本体失了；心之理无穷尽，原是一个渊，只为私欲窒塞，则渊之本体失了。如今念念致良知，将此障碍窒塞一齐去尽，则本体已复，便是天、渊了。"乃指天以示之曰："比如面前见天，是昭昭之天；四外见天，也只是昭昭之天。只为许多房子墙壁遮蔽，便不见天之全体，若撤去房子墙壁，总是一个天矣。不可道眼前天是昭昭之天，外面又不是昭昭之天也。于此便见一节之知即全体之知，全体之知即一节之知，总是一个本体。"

---

① 黄直（1500—1579）：字以方，号卓峰，江西金溪人。王阳明弟子。嘉靖二年（1523）进士。

② 溥博如天，渊泉如渊：语出《中庸》。溥博，周遍而广大。渊泉，幽静而深邃。

二

先生曰：“圣贤非无功业气节，但其循着这天理则便是道，不可以事功气节名矣。”

三

“‘发愤忘食[①]’，是圣人之志如此，真无有已时；‘乐以忘忧’，是圣人之道如此，真无有戚时。恐不必云‘得’‘不得’也。”

四

先生曰：“我辈致知，只是各随分限[②]所及。今日良知见在如此，只随今日所知扩充到底；明日良知又有开悟，便从明日所知扩充到底。如此，方是精一功夫。与人论学，亦须随人分限所及。如树有这些萌芽，只把这些水去灌溉，萌芽再长，便又加水。自拱把[③]以至合抱[④]，灌溉之功皆是随其分限所及。若些小萌芽，有一桶水在，尽要倾上，便浸坏他了。”

---

① 发愤忘食：与下文“乐以忘忧”，语出《论语·述而篇》。

② 分限：天分，本分。

③ 拱把：两手合围的粗细。

④ 合抱：两臂围拢。常用以形容树木粗大。

五

问知行合一。

先生曰："此须识我立言宗旨。今人学问，只因知行分作两件，故有一念发动，虽是不善，然却未曾行，便不去禁止。我今说个知行合一，正要人晓得一念发动处，便即是行了；发动处有不善，就将这不善的念克倒了。须要彻根彻底，不使那一念不善潜伏在胸中。此是我立言宗旨。"

六

"圣人无所不知，只是知个天理；无所不能，只是能个天理。圣人本体明白，故事事知个天理所在，便去尽个天理；不是本体明后，却于天下事物都便知得，便做得来也。天下事物，如名物度数、草木鸟兽之类，不胜其烦，圣人虽是本体明了，亦何缘能尽知得？但不必知的，圣人自不消求知；其所当知的，圣人自能问人，如'子入太庙，每事问[①]'之类。先儒谓'虽知亦问，敬谨之至'，此说不可通。圣人于礼乐名物，不必尽知，然他知得一个天理，便自有许多节文[②]度数出来，不知能问，亦即是天理节文所在。"

---

① 子入太庙，每事问：与下文"虽知亦问，敬谨之至"，语出《论语·八佾篇》。朱熹注引尹焞云："礼者，敬而已矣。虽知亦问，谨之至也，其为敬莫大于此。谓之不知礼者，岂足以知孔子哉。"

② 节文：礼节，仪式。

七

问："先生尝谓'善恶只是一物'。善恶两端，如冰炭相反，如何谓只一物？"先生曰："至善者，心之本体。本体上才过当些子，便是恶了。不是有一个善，却又有一个恶来相对也。故善恶只是一物。"直因闻先生之说，则知程子所谓"善固性也，恶亦不可不谓之性①"，又曰"善恶皆天理。谓之恶者本非恶，但于本性上过与不及之间耳②"，其说皆无可疑。

八

先生尝谓"人但得好善如好好色、恶恶如恶恶臭，便是圣人"，直初时闻之，觉甚易，后体验得来，此个功夫着实是难。如一念虽知好善、恶恶，然不知不觉又夹杂去了；才有夹杂，便不是好善如好好色、恶恶如恶恶臭的心。善能实实的好，是无念不善矣；恶能实实的恶，是无念及恶矣，如何不是圣人？故圣人之学，只是一诚而已。

九

问："《修道说》言'率性之谓道'属圣人分上事，'修道之谓教'属贤人分上事。"

先生曰："众人亦率性也，但率性在圣人分上较多，故'率

---

① 善固性也，恶亦不可不谓之性：语出《河南程氏遗书》。

② "善恶皆天理"三句：语出《河南程氏遗书》。

性之谓道’属圣人事；圣人亦修道也，但修道在贤人分上多，故‘修道之谓教’属贤人事。”又曰：“《中庸》一书，大抵皆是说修道的事。故后面凡说君子、说颜渊、说子路，皆是能修道的；说小人、说贤知愚不肖、说庶民，皆是不能修道的。其他言舜、文、周公、仲尼、至诚至圣之类，则又圣人之自能修道者也。”

十

问：“儒者到三更时分，扫荡胸中思虑，空空静静，与释氏之静只一般。两下皆不用，此时何所分别？”

先生曰：“动静只是一个。那三更时分空空静静的，只是存天理，即是如今应事接物的心；如今应事接物的心，亦是循此天理，便是那三更时分空空静静的心。故动静只是一个，分别不得。知得动静合一，释氏毫厘差处亦自莫掩矣。”

十一

门人在座，有动止甚矜持者，先生曰：“人若矜持太过，终是有弊。”

曰：“矜持太过，如何有弊？”

曰：“人只有许多精神，若专在容貌上用功，则于中心照管不及者多矣。”

有太直率者，先生曰：“如今讲此学，却外面全不检束，又分心与事为二矣。”

十二

门人作文送友行，问先生曰：“作文字不免费思，作了后又一二日，常记在怀。”

曰：“文字思索亦无害。但作了常记在怀，则为文所累，心中有一物矣，此则未可也。”

又作诗送人。先生看诗毕，谓曰：“凡作文字，要随我分限所及；若说得太过了，亦非‘修辞立诚[①]’矣。”

十三

“文公格物之说，只是少头脑。如所谓‘察之于念虑之微[②]’，此一句不该与‘求之文字之中’‘验之于事为之著’‘索之讲论之际’混作一例看，是无轻重也。”

十四

问“有所忿懥”一条。

先生曰：“‘忿懥’几件，人心怎能无得？只是不可有耳。凡人忿懥，着了一分意思，便怒得过当，非‘廓然大公’之体了。故有所忿懥，便不得其正也。如今于凡忿懥等件，只是个‘物来顺应’，不要着一分意思，便心体‘廓然大公’，得其

① 修辞立诚：语出《周易·文言》。

② 察之于念虑之微：与下文“求之文字之中”“验之于事为之著”“索之讲论之际”，语出朱熹《大学或问》。

本体之正了。且如出外见人相斗，其不是的，我心亦怒。然虽怒，却此心廓然，不曾动些子气。如今怒人，亦得如此，方才是正。”

十五

“先生尝言‘佛氏不着相[1]，其实着了相；吾儒着相，其实不着相’。请问。”

曰：“佛怕父子累，却逃了父子；怕君臣累，却逃了君臣；怕夫妇累，却逃了夫妇。都是为个君臣、父子、夫妇着了相，便须逃避。如吾儒有个父子，还[2]他以仁；有个君臣，还他以义；有个夫妇，还他以别，何曾着父子、君臣、夫妇的相？”

---

① 着相：佛教概念。执着于事物的表面形式而忽视了其本体。

② 还：回报，回应。

黄修易录

一

黄勉叔问："心无恶念时，此心空空荡荡的，不知亦须存个善念否？"

先生曰："既去恶念，便是善念，便复心之本体矣。譬如日光被云来遮蔽，云去，光已复矣。若恶念既去，又要存个善念，即是日光之中添燃一灯。"

二

问："近来用功，亦颇觉妄念不生，但腔子里黑窣窣[①]的，不知如何打得光明？"

先生曰："初下手用功，如何腔子里便得光明？譬如奔流浊水，才贮在缸里，初然虽定，也只是昏浊的；须俟澄定既久，自然渣滓尽去，复得清来。汝只要在良知上用功，良知存久，黑窣窣自能光明矣。今便要责效，却是助长，不成功夫。"

---

① 黑窣（sū）窣：犹言黑乎乎，指模糊不清、昏暗不明。

三

先生曰："吾教人'致良知'、在'格物'上用功，却是有根本的学问。日长进一日，愈久愈觉精明。世儒教人事事物物上去寻讨，却是无根本的学问。方其壮时，虽暂能外面饰修，不见有过，老则精神衰迈，终须放倒。譬如无根之树，移栽水边，虽暂时鲜好，终久要憔悴。"

四

问"志于道[①]"一章。

先生曰："只'志道'一句，便含下面数句功夫，自住不得。譬如做此屋，'志于道'，是念念要去择地鸠材，经营成个区宅。'据德'，却是经画已成，有可据矣。'依仁'，却是常常住在区宅内，更不离去。'游艺'，却是加些画采，美此区宅。艺者，义也，理之所宜者也。如诵诗、读书、弹琴、习射之类，皆所以调习此心，使之熟于道也。苟不'志道'而'游艺'，却如无状小子，不先去置造区宅，只管要去买画挂做门面，不知将挂在何处？"

五

问："读书所以调摄此心，不可缺的。但读之之时，一种科

---

① 志于道：意为立志向道。语出《论语·述而篇》。

目意思，牵引而来。不知何以免此？”

先生曰：“只要良知真切，虽做举业，不为心累，总有累，亦易觉，克之而已。且如读书时，良知知得强记之心不是，即克去之；有欲速之心不是，即克去之；有夸多斗靡[1]之心不是，即克去之。如此，亦只是终日与圣贤印对，是个纯乎天理之心。任他读书，亦只是调摄此心而已，何累之有？”

曰：“虽蒙开示，奈资质庸下，实难免累。窃闻穷通有命，上智之人，恐不屑此。不肖为声利牵缠，甘心为此，徒自苦耳。欲屏弃之，又制于亲，不能舍去。奈何？”

先生曰：“此事归辞于亲者多矣，其实只是无志。志立得时，良知千事万为只是一事。读书作文安能累人？人自累于得失耳！”因叹曰：“此学不明，不知此处担阁了几多英雄汉！”

六

问：“‘生之谓性[2]’，告子亦说得是，孟子如何非之？”

先生曰：“固是性，但告子认得一边去了，不晓得头脑。若晓得头脑，如此说亦是。孟子亦曰：‘形色，天性也[3]。’这也是指气说。”又曰：“凡人信口说，任意行，皆说此是依我心性出来，此是所谓生之谓性，然却要有过差。若晓得头脑，依吾良知上说出来、行将去，便自是停当。然良知亦只是这口说、这身

---

① 夸多斗靡：夸耀，以辞藻华丽竞胜。

② 生之谓性：语出《孟子·告子上》。

③ 形色，天性也：语出《孟子·尽心上》。

行，岂能外得气，别有个去行去说。故曰：‘论性不论气不备，论气不论性不明[①]。’气亦性也，性亦气也，但须认得头脑是当。”

七

又曰：“诸君功夫，最不可‘助长’。上智绝少，学者无超入圣人之理。一起一伏，一进一退，自是功夫节次。不可以我前日用得功夫了，今却不济，便要矫强做出一个没破绽的模样，这便是‘助长’。连前些子功夫都坏了，此非小过。譬如行路的人遭一蹶跌，起来便走，不要欺人做那不曾跌倒的样子出来。诸君只要常常怀个‘遁世无闷，不见是而无闷[②]’之心，依此良知，忍耐做去，不管人非笑，不管人毁谤，不管人荣辱，任他功夫有进有退，我只是这致良知的主宰不息，久久自然有得力处。一切外事亦自能不动。”

又曰：“人若着实用功，随人毁谤，随人欺慢，处处得益，处处是进德之资；若不用功，只是魔也，终被累倒。”

八

先生一日出游禹穴[③]，顾田间禾曰：“能几何时，又如此长了！”

---

① 论性不论气不备，论气不论性不明：语出《河南程氏遗书》。

② 遁世无闷，不见是而无闷：语出《周易·文言》。

③ 禹穴：在浙江绍兴市之会稽山，与阳明洞相距不远，传说为黄帝藏书之处、夏禹卒葬之地。

范兆期[①]在旁曰："此只是有根。学问能自植根，亦不患无长。"

先生曰："人孰无根，良知即是天植灵根，自生生不息。但着了私累，把此根戕贼[②]蔽塞，不得发生耳。"

九

一友常易动气责人。先生警之曰："学须反己。若徒责人，只见得人不是，不见自己非。若能反己，方见自己有许多未尽处，奚暇责人？舜能化得象的傲，其机括只是不见象的不是。若舜只要正他的奸恶，就见得象的不是矣。象是傲人，必不肯相下，如何感化得他？[③]"

是友感悔。

曰："你今后只不要去论人之是非，凡当责辩人时，就把做一件大己私克去方可。"

十

先生曰："凡朋友问难，纵有浅近粗疏，或露才扬己，皆是病发。当因其病而药之可也，不可便怀鄙薄之心，非君子'与人为善[④]'之心矣。"

---

① 范兆期：范引年，字兆期，号半野。王阳明弟子。曾主讲天真精舍。

② 戕（qiāng）贼：伤害，残害。

③ 王阳明此所论评舜感化象之言，语出《尚书·尧典》以及《孟子·万章上》。象，舜之同父异母弟。

④ 与人为善：语出《孟子·公孙丑上》。

十一

问："《易》，朱子主卜筮[1]，程《传》主理[2]，何如？"

先生曰："卜筮是理，理亦是卜筮。天下之理孰有大于卜筮者乎？只为后世将卜筮专主在占卦上看了，所以看得卜筮似小艺。不知今之师友问答，博学、审问、慎思、明辨、笃行之类，皆是卜筮。卜筮者，不过求决狐疑，神明吾心而已。《易》是问诸天，人有疑，自信不及，故以《易》问天。谓人心尚有所涉，惟天不容伪耳。"

---

① 朱子主卜筮：朱熹著有《周易本义》《易学启蒙》，认为《周易》原是卜筮之书。

② 程《传》主理：程颐认为《周易》是为了阐发天理而作。他的《周易程氏传》是义理易学的重要代表作。

黄省曾[1]录

一

黄勉之问："'无适也，无莫也，义之与比[2]。'事事要如此否？"

先生曰："固是事事要如此，须是识得个头脑乃可。义即是良知，晓得良知是个头脑，方无执着。且如受人馈送，也有今日当受的，他日不当受的；也有今日不当受的，他日当受的。你若执着了今日当受的，便一切受去；执着了今日不当受的，便一切不受去。便是'适''莫'，便不是良知的本体。如何唤得做义？"

二

问："'思无邪[3]'一言，如何便盖得三百篇之义？"

---

① 黄省曾（1490—1540）：明代学者、文学家。字勉之，号五岳山人，长洲（今江苏苏州）人。嘉靖举人，以任达放逸终其身。曾从王阳明、湛若水受学，又学诗于李梦阳。笃志古文辞，而取法于六朝、三唐。

② 无适也，无莫也，义之与比：语出《论语·里仁篇》："君子之于天下也，无适唯也，无莫也，义之与比。"

③ 思无邪：意为思想纯正无邪，孔子认为它是《诗经》一书的主旨所在。语出《论语·为政篇》。

先生曰："岂特三百篇？六经只此一言便可该贯。以至穷古今天下圣贤的话，'思无邪'一言，也可该贯。此外更有何说？此是一了百当的功夫。"

三

问道心、人心[1]。

先生曰："'率性之谓道'，便是道心；但着些人的意思在，便是人心。道心本是无声无臭，故曰'微'；依着人心行去，便有许多不安稳处，故曰'惟危'。"

四

问："'中人以下，不可以语上[2]'，愚的人与之语上，尚且不进，况不与之语，可乎？"

先生曰："不是圣人终不与语。圣人的心，忧不得人人都做圣人。只是人的资质不同，施教不可躐等。中人以下的人，便与他说性说命，他也不省得，也须慢慢琢磨他起来。"

五

一友问："读书不记得，如何？"

先生曰："只要晓得，如何要记得？要晓得已是落第二义

---

① 道心、人心：语出《尚书·大禹谟》。

② 中人以下，不可以语上：语出《论语·雍也篇》。

了，只要明得自家本体。若徒要记得，便不晓得；若徒要晓得，便明不得自家的本体。”

六

问：“‘逝者如斯[①]’，是说自家心性活泼泼地否？”

先生曰：“然。须要时时用致良知的功夫，方才活泼泼地，方才与他川水一般。若须臾间断，便与天地不相似。此是学问极至处，圣人也只如此。”

七

问“志士仁人[②]”章。

先生曰：“只为世上人都把生身命子看得来太重，不问当死不当死，定要宛转委曲保全，以此把天理都丢去了。忍心害理，何者不为？若违了天理，便与禽兽无异，便偷生在世上百千年，也不过做了千百年的禽兽。学者要于此等处看得明白。比干[③]、龙逢[④]，只为他看得分明，所以能成就得他的仁。”

---

① 逝者如斯：语出《论语·子罕篇》。

② 志士仁人：语出《论语·卫灵公篇》。

③ 比干：商代贵族。纣王叔父，官少师。因屡次劝谏纣王，被剖心而死。

④ 龙逢：关龙逢，夏末大臣。夏桀暴虐荒淫，他多次直谏，桀囚而杀死。

八

问："叔孙武叔毁仲尼，大圣人如何犹不免于毁谤？"

先生曰："毁谤自外来的，虽圣人如何免得？人只贵于自修，若自己实实落落是个圣贤，纵然人都毁他，也说他不着。却若浮云掩日，如何损得日的光明？若自己是个象恭色庄、不坚不介[①]的，纵然没一个人说他，他的恶慝[②]终须一日发露。所以孟子说：'有求全之毁，有不虞之誉[③]。'毁誉在外的，安能避得？只要自修何如尔。"

九

刘君亮要在山中静坐。

先生曰："汝若以厌外物之心去求之静，是反养成一个骄惰之气了。汝若不厌外物，复于静处涵养，却好。"

十

王汝中[④]、省曾侍坐。

先生握扇命曰："你们用扇。"

---

① 不坚不介：犹言"不尴不尬"，形容不成样子、不正经。

② 恶慝（tè）：邪恶。

③ 有求全之毁，有不虞之誉：语出《孟子·离娄上》。

④ 王汝中：王畿（1498—1583），明理学家。字汝中，别号龙溪，山阴（今浙江绍兴）人。嘉靖进士。官至南京兵部郎中。王阳明的弟子。讲学四十余年，在吴、楚、闽、越、江、浙传播王学。

省曾起对曰：“不敢。”

先生曰：“圣人之学，不是这等捆缚苦楚的，不是妆做道学的模样。”

汝中曰：“观‘仲尼与曾点言志[①]’一章略见。”

先生曰：“然。以此章观之，圣人何等宽洪包含气象。且为师者问志于群弟子，三子皆整顿以对。至于曾点飘飘然不看那三子在眼，自去鼓起瑟来，何等狂态？及至言志，又不对师之问目，都是狂言。设在伊川，或斥骂起来了[②]。圣人乃复称许他，何等气象？圣人教人，不是个束缚他通做一般。只如狂者便从狂处成就他，狷者便从狷处成就他，人之才气如何同得？”

十一

先生语陆元静曰：“元静少年亦要解五经，志亦好博。但圣人教人，只怕人不简易，他说的皆是简易之规。以今人好博之心观之，却似圣人教人差了。”

先生曰：“孔子无不知而作，颜子有不善未尝不知。此是圣学真血脉路。”

---

① 仲尼与曾点言志：指《论语·先进篇》“子路、曾皙、冉有、公西华侍坐”章。

② 设在伊川，或斥骂起来了：程颐治学，特别重视日常行为中的“敬”，对违反这一宗旨的学生往往疾言厉色。语出《河南程氏外书》卷十二。

十二

何廷仁[①]、黄正之、李侯璧[②]、汝中、德洪侍坐。先生顾而言曰："汝辈学问不得长进，只是未立志。"

侯璧起而对曰："珙亦愿立志。"

先生曰："难说不立，未是必为圣人之志耳。"

对曰："愿立必为圣人之志。"

先生曰："你真有圣人之志，良知上更无不尽。良知上留得些子别念挂带，便非必为圣人之志矣。"

洪初闻时，心若未服，听说到此，不觉悚汗。[③]

十三

先生曰："良知是造化的精灵，这些精灵，生天生地，成鬼成帝[④]，皆从此出，真是与物无对[⑤]。人若复得他，完完全全，无少亏欠，自不觉手舞足蹈，不知天地间更有何乐可代？"

---

① 何廷仁（1486—1551）：字性之，号善山，江西雩都县人。初慕陈白沙，后师王阳明。

② 李侯璧：李珙，字侯璧，号东溪，浙江永康人。

③ 本条之前，水西精舍本、闾东本有"传习续录卷下""门人钱德洪、王畿录"字样，分三行书之。

④ 生天生地，成鬼成帝：语出《庄子·大宗师》。

⑤ 与物无对：意为独一无二。语出《河南程氏遗书》卷二："此道与物无对，大不足以名之，天地之用皆我之用。"

十四

一友静坐有见，驰问先生。

答曰：“吾昔居滁时，见诸生多务知解，口耳异同，无益于得，姑教之静坐。一时窥见光景，颇收近效。久之，渐有喜静厌动，流入枯槁之病。或务为玄解妙觉，动人听闻。故迩来只说‘致良知’。良知明白，随你去静处体悟也好，随你去事上磨炼也好，良知本体原是无动无静的，此便是学问头脑。我这个话头，自滁州到今，亦较过几番。只是‘致良知’三字无病。医经折肱，方能察人病理[①]。”

十五

一友问功夫：“欲得此知时时接续，一切应感处反觉照管不及，若去事上周旋，又觉不见了。如何则可？”

先生曰：“此只认良知未真，尚有内外之间。我这里功夫，不由人急心，认得良知头脑是当，去朴实用功，自会透彻。到此便是‘内外两忘[②]’，又何心事不合一？”

---

① 医经折肱（gōng），方能察人病理：语出《左传·定公十三年》：“三折肱，知为良医。”

② 内外两忘：语出程颢《答横渠张子厚先生书》。

十六

又曰：“功夫不是透得这个真机，如何得他充实光辉[1]？若能透得时，不由你聪明知解接得来。须胸中渣滓浑化，不使有毫发沾带，始得。”

十七

先生曰：“‘天命之谓性[2]’，命即是性；‘率性之谓道’，性即是道；‘修道之谓教’，道即是教。”

问：“如何‘道即是教’？”

曰：“道即是良知。良知原是完完全全，是的还他是，非的还他非，是非只依着他，更无有不是处，这良知还是你的明师。”

十八

问：“‘不睹不闻[3]’是说本体，‘戒慎恐惧’是说功夫否？”

先生曰：“此处须信得本体原是‘不睹不闻’的，亦原是‘戒慎恐惧’的。‘戒慎恐惧’不曾在‘不睹不闻’上加得些子。见得真时，便谓‘戒慎恐惧’是本体，‘不睹不闻’是功

---

① 充实光辉：语出《孟子·尽心下》。
② 天命之谓性：与下文“率性之谓道”“修道之谓教”，语出《中庸》。
③ 不睹不闻：与下文“戒慎恐惧”，语出《中庸》。

夫，亦得。”

十九

问“通乎昼夜之道而知[①]”。

先生曰：“良知原是知昼知夜的。”

又问：“人睡熟时，良知亦不知了。”

曰：“不知，何以一叫便应？”

曰：“良知常知，如何有睡熟时？”

曰：“向晦宴息[②]，此亦造化常理。夜来天地混沌、形色俱泯，人亦耳目无所睹闻，众窍俱翕，此即良知收敛凝一时。天地既开，庶物露生，人亦耳目有所睹闻，众窍俱辟，此即良知妙用发生时。可见人心与天地一体，故‘上下与天地同流[③]’。今人不会宴息，夜来不是昏睡，即是妄思魇寐。”

曰：“睡时功夫如何用？”

先生曰：“知昼即知夜矣。日间良知是顺应无滞的，夜间良知即是收敛凝一的，有梦即先兆。”

又曰：“良知在夜气发的方是本体，以其无物欲之杂也。学者要使事物纷扰之时，常如夜气一般，就是‘通乎昼夜之道而知’。”

---

① 通乎昼夜之道而知：语出《周易·系辞上》。

② 向晦宴息：语出《周易·随卦·象传》。

③ 上下与天地同流：语出《孟子·尽心上》。

二十

先生曰："仙家说到虚，圣人岂能虚上加得一毫实？佛氏说到无，圣人岂能无上加得一毫有？但仙家说虚从养生上来，佛氏说无从出离生死苦海上来，却于本体上加却这些子意思在，便不是他虚无的本色了，便于本体有障碍。圣人只是还他良知的本色，更不着些子意在。良知之虚便是天之太虚，良知之无便是太虚之无形。日月、风雷、山川、民物，凡有貌象形色[1]，皆在太虚无形中发用流行，未尝作得天的障碍。圣人只是顺其良知之发用，天地万物俱在我良知的发用流行中，何尝又有一物超于良知之外，能作得障碍？"

二十一

或问："释氏亦务养心，然要之不可以治天下。何也？"

先生曰："吾儒养心[2]未尝离却事物，只顺其天则[3]自然，就是功夫。释氏却要尽绝事物，把心看做幻相，渐入虚寂去了，与世间若无些子交涉，所以不可治天下。"

---

① 貌象形色：貌，形貌。象，形状。形，形体。色，色彩。凡有貌象形色，指所有有形貌、形状、形体、色彩的事物，亦即所有可以看得见、感觉得到的事物。

② 养心：语出《孟子·尽心下》。

③ 天则：意为造化所定的法则。语出《周易·乾卦·文言》。

二十二

或问“异端”。

先生曰：“与愚夫愚妇同的，是谓同德；与愚夫愚妇异的，是谓异端。”

二十三

先生曰：“孟子不动心，与告子不动心，所异只在毫厘间。告子只在不动心上着功，孟子便直从此心原不动处分晓。心之本体，原是不动的。只为所行有不合义，便动了。孟子不论心之动与不动，只是‘集义’，所行无不是义，此心自然无可动处。若告子只要此心不动，便是把捉此心，将他生生不息之根反阻挠了，此非徒无益，而又害之。孟子‘集义’工夫，自是养得充满，并无馁歉，自是纵横自在，活泼泼地。此便是浩然之气。”

二十四

又曰：“告子病源，从‘性无善无不善’上见来。性无善无不善，虽如此说，亦无大差。但告子执定看了，便有个无善无不善的性在内。有善有恶，又在物感上看，便有个物在外。却做两边看了，便会差。无善无不善，性原是如此。悟得及时，只此一句便尽了，更无有内外之间。告子见一个性在内，见一个物在外，便见他于性有未透彻处。”

二十五

朱本思[①]问："人有虚灵，方有良知。若草木瓦石之类，亦有良知否？"

先生曰："人的良知，就是草木瓦石的良知。若草木瓦石无人的良知，不可以为草木瓦石矣。岂惟草木瓦石为然？天地无人的良知，亦不可为天地矣。盖天地万物与人原是一体，其发窍之最精处，是人心一点灵明。风雨露雷、日月星辰、禽兽草木、山川土石，与人原只一体。故五谷禽兽之类皆可以养人，药石之类皆可以疗疾。只为同此一气，故能相通耳。"

二十六

先生游南镇[②]，一友指岩中花树问曰："天下无心外之物，如此花树，在深山中自开自落，于我心亦何相关？"

先生曰："你未看此花时，此花与汝心同归于寂；你来看此花时，则此花颜色一时明白起来：便知此花不在你的心外。"

二十七

问："大人与物同体，如何《大学》又说个厚薄[③]？"

---

① 朱本思：朱得之，字本思，号近斋，直隶靖江（今属江苏）人。从学于王阳明。所著有《参玄三语》等。

② 南镇：会稽山的古称。

③ 如何《大学》又说个厚薄：语出《大学》。

先生曰："惟是道理，自有厚薄。比如身是一体，把手足捍头目，岂是偏要薄手足？其道理合如此。禽兽与草木同是爱的，把草木去养禽兽，又忍得？人与禽兽同是爱的，宰禽兽以养亲与供祭祀，燕宾客，心又忍得？至亲与路人同是爱的，如箪食豆羹，得则生，不得则死，不能两全，宁救至亲，不救路人，心又忍得？这是道理合该如此。及至吾身与至亲，更不得分别彼此厚薄。盖以仁民爱物皆从此出，此处可忍，更无所不忍矣。《大学》所谓厚薄，是良知上自然的条理，不可逾越，此便谓之义；顺这个条理，便谓之礼；知此条理，便谓之智；终始是这条理，便谓之信。"

二十八

又曰："目无体[1]，以万物之色为体；耳无体，以万物之声为体；鼻无体，以万物之臭为体；口无体，以万物之味为体；心无体，以天地万物感应之是非为体。"

二十九

问"夭寿不贰"。

先生曰："学问功夫，于一切声利嗜好俱能脱落殆尽，尚有一种生死念头毫发挂带，便于全体有未融释处。人于生死念头，本从生身命根上带来，故不易去。若于此处见得破、透得

① 体：王阳明此条语录之所谓"体"，非本体之义，乃客体之意，引申为认识对象。

过，此心全体方是流行无碍，方是尽性至命之学。”

三十

一友问：“欲于静坐时，将好名、好色、好货等根，逐一搜寻，扫除廓清，恐是剜肉做疮[①]否？”

先生正色曰：“这是我医人的方子，真是去得人病根。更有大本事人，过了十数年，亦还用得着。你如不用，且放起，不要作坏我的方子！”

是友愧谢。

少间曰：“此量非你事，必吾门稍知意思者为此说以误汝。”

在坐者皆悚然。

三十一

一友问功夫不切。

先生曰：“学问功夫，我已曾一句道尽，如何今日转说转远，都不着根？”

对曰：“致良知，盖闻教矣，然亦须讲明。”

先生曰：“既知致良知，又何可讲明？良知本是明白，实落用功便是；不肯用功，只在语言上转说转糊涂。”

曰：“正求讲明致之之功。”

先生曰：“此亦须你自家求，我亦无别法可道。昔有禅师，

---

① 剜肉做疮：典出普济《五灯会元》：“林曰：‘有事相借问，得么？’师曰：‘何得剜肉作疮。’”

人来问法，只把麈尾[1]提起。一日，其徒将其麈尾藏过，试他如何设法。禅师寻麈尾不见，又只空手提起。我这个良知就是设法的麈尾，舍了这个，有何可提得？”

少间，又一友请问功夫切要。

先生旁顾曰：“我麈尾安在？”

一时在坐者皆跃然。

三十二

或问“至诚前知[2]”。

先生曰：“诚是实理，只是一个良知。实理之妙用流行就是神，其萌动处就是几，‘诚、神、几曰圣人[3]’。圣人不贵前知。祸福之来，虽圣人有所不免，圣人只是知几，遇变而通耳。良知无前后，只知得见在的几，便是一了百了。若有个前知的心，就是私心，就有趋避利害的意。邵子必于前知，终是利害心未尽处。”

三十三

先生曰：“无知无不知，本体原是如此。譬如日未尝有心照物，而自无物不照，无照无不照，原是日的本体。良知本无知，今却要有知。本无不知，今却疑有不知，只是信不

---

① 麈（zhǔ）尾：拂尘。魏晋人清谈时常执的一种拂子，用麈的尾毛制成。
② 至诚前知：语出《中庸》。
③ 诚、神、几曰圣人：语出周敦颐《周子通书》。

及耳。”

三十四

先生曰：“‘惟天下至圣，为能聪明睿知[①]’，旧看何等玄妙，今看来原是人人自有的。耳原是聪，目原是明，心思原是睿知，圣人只是一能之尔，能处正是良知。众人不能，只是个不致知。何等明白简易！”

三十五

问：“孔子所谓‘远虑[②]’，周公‘夜以继日[③]’，与‘将迎’不同。何如？”

先生曰：“‘远虑’不是茫茫荡荡去思虑，只是要存这天理。天理在人心，亘古亘今，无有终始。天理即是良知，千思万虑，只是要致良知。良知愈思愈精明，若不精思，漫然随事应去，良知便粗了。若只着在事上茫茫荡荡去思，教做远虑，便不免有毁誉、得丧、人欲搀入其中，就是将迎了。周公终夜以思，只是‘戒慎不睹，恐惧不闻’的功夫。见得时，其气象与‘将迎’自别。”

---

① 惟天下至圣，为能聪明睿知：语出《中庸》。

② 远虑：语出《论语·卫灵公篇》。

③ 夜以继日：语出《孟子·离娄下》。

三十六

问："'一日克己复礼，天下归仁[①]'，朱子作效验说，如何？"

先生曰："圣贤只是为己之学，重功夫，不重效验。仁者以万物为体。不能一体，只是己私未忘。全得仁体，则天下皆归于吾仁，就是'八荒皆在我闼[②]'意，'天下皆与其仁[③]'亦在其中。如'在邦无怨，在家无怨[④]'，亦只是自家不怨。如'不怨天，不尤人[⑤]'之意。然家邦无怨，于我亦在其中，但所重不在此。"

三十七

问："孟子'巧力、圣智[⑥]'之说，朱子云：'三子力有余而巧不足[⑦]。'何如？"

---

① 一日克己复礼，天下归仁：语出《论语·颜渊篇》。

② 八荒皆在我闼（tà）：语出吕大临《克己复礼铭》。

③ 天下皆与其仁：乃朱熹"则天下之人皆与其仁"一语之节略。

④ 在邦无怨，在家无怨：语出《论语·颜渊篇》。

⑤ 不怨天，不尤人：语出《论语·宪问篇》。

⑥ 巧力、圣智：孟子用巧来代指智慧，用力来代指圣人。语出《孟子·万章下》："孟子曰：'伯夷，圣之清者也；伊尹，圣之任者也；柳下惠，圣之和者也；孔子，圣之时者也。孔子之谓集大成。集大成也者，金声而玉振之也。金声也者，始条理也；玉振之也者，终条理也。始条理者，智之事也；终条理者，圣之事也。智，譬则巧也；圣，譬则力也。'"

⑦ 三子力有余而巧不足：语出朱熹《孟子集注》。朱子认为三人虽为圣人，但智还稍显不足。

先生曰："三子固有力，亦有巧。巧力实非两事，巧亦只在用力处，力而不巧，亦是徒力。三子譬如射，一能步箭，一能马箭，一能远箭。他射得到俱谓之力，中处俱可谓之巧。但步不能马，马不能远，各有所长，便是才力分限有不同处。孔子则三者皆长。然孔子之和只到得柳下惠[①]而极，清只到得伯夷而极，任只到得伊尹而极，何曾加得些子？若谓'三子力有余而巧不足'，则其力反过孔子了。巧力只是发明圣知之义，若识得圣知本体是何物，便自了然。"

三十八

先生曰："'先天而天弗违[②]'，天即良知也；'后天而奉天时'，良知即天也。"

"良知只是个是非之心，是非只是个好恶。只好恶，就尽了是非；只是非，就尽了万事万变。"又曰："是非两字是个大规矩，巧处则存乎其人。"

三十九

"圣人之知，如青天之日，贤人如浮云天日，愚人如阴霾天日。虽有昏明不同，其能辨黑白则一。虽昏黑夜里，亦影影见

① 柳下惠：春秋时鲁国大夫。展氏，名获，字禽。食邑于柳下。私谥惠，故称。任士师（掌刑狱的官）。鲁僖公二十六年（前634），齐攻鲁，他派人到齐劝说退兵。以善于讲究贵族礼节著称，有"坐怀不乱"的故事。

② 先天而天弗违：与下文"后天而奉天时"，语出《周易·文言》。

得黑白，就是日之余光未尽处。困学功夫，亦只从这点明处精察去耳。”

四十

问：“知譬日，欲譬云，云虽能蔽日，亦是天之一气合有的，欲亦莫非人心合有否？”

先生曰：“喜怒哀惧爱恶欲，谓之七情[①]。七者俱是人心合有的，但要认得良知明白。比如日光，亦不可指着方所；一隙通明，皆是日光所在。虽云雾四塞，太虚中色象可辨，亦是日光不灭处，不可以云能蔽日，教天不要生云。七情顺其自然之流行，皆是良知之用，不可分别善恶，但不可有所着。七情有着，俱谓之欲，俱为良知之蔽。然才有着时，良知亦自会觉。觉即蔽去，复其体矣。此处能勘得破，方是简易透彻功夫。”

四十一

问：“圣人生知安行，是自然的，如何有甚功夫？”

先生曰：“‘知行’二字，即是功夫，但有浅深难易之殊耳。良知原是精精明明的，如欲孝亲，生知安行的，只是依此良知，实落尽孝而已；学知利行者，只是时时省觉，务要依此良知尽孝而已；至于困知勉行者，蔽锢已深，虽要依此良知去孝，又为私欲所阻，是以不能，必须加人一己百、人十己千之功，方能

① 喜怒哀惧爱恶欲，谓之七情：语出《礼记·礼运》。

依此良知以尽其孝。圣人虽是生知安行，然其心不敢自是，肯做困知勉行的功夫。困知勉行的却要思量做生知安行的事，怎生成得？”[①]

四十二

问：“‘乐是心之本体’，不知遇大故[②]，于哀哭时，此乐还在否？”

先生曰：“须是大哭一番了方乐，不哭便不乐矣。虽哭，此心安处即是乐也。本体未尝有动。”

四十三

问：“良知一而已，文王作《彖》，周公系《爻》，孔子赞《易》，何以各自看理不同？”

先生曰：“圣人何能拘得死格？大要出于良知同，便各为说，何害？且如一园竹，只要同此枝节，便是大同。若拘定枝枝节节都要高下大小一样，便非造化妙手矣。汝辈只要去培养良知，良知同，更不妨有异处。汝辈若不肯用功，连笋也不曾抽得，何处去论枝节？”

---

① 此语录当中之“生知安行”“学知利行”“困知勉行”以及“人一己百、人十己千”云云，语出《中庸》。

② 大故：指父母丧。

四十四

乡人有父子讼狱，请诉于先生，侍者欲阻之。先生听之，言不终辞，其父子相抱恸哭而去。

柴鸣治入问曰："先生何言，致伊感悔之速？"

先生曰："我言舜是世间大不孝的子，瞽瞍是世间大慈的父。"

鸣治愕然，请问。

先生曰："舜常自以为大不孝，所以能孝。瞽瞍常自以为大慈，所以不能慈。瞽瞍只记得舜是我提孩[①]长的，今何不会豫悦我？不知自心已为后妻所移了，尚谓自家能慈，所以愈不能慈。舜只思父提孩我时如何爱我，今日不爱，只是我不能尽孝，日思所以不能尽孝处，所以愈能孝。及至瞽瞍底豫时，又不过复得此心原慈的本体。所以后世称舜是个古今大孝的子，瞽瞍亦做成个慈父。"

四十五

先生曰："孔子有鄙夫来问，未尝先有知识以应之，其心只空空而已。但叩他自知的是非两端，与之一剖决，鄙夫之心便已了然，鄙夫自知的是非[②]。便是他本来天则，虽圣人聪明，如何

---

① 提孩：抚育，抚养。

② "孔子"七句：语出《论语·子罕篇》："子曰：'吾有知乎哉？无知也。有鄙夫问于我，空空如也，我叩其两端而竭焉。'"

可与增减得一毫？他只不能自信，夫子与之一剖决，便已竭尽无余了。若夫子与鄙夫言时，留得些子知识在，便是不能竭他的良知，道体即有二了。”

四十六

先生曰：“‘烝烝乂，不格奸[①]’，本注说象已进进于义，不至大为奸恶。舜征庸后，象犹日以杀舜为事，何大奸恶如之！舜只是自进于乂，以乂薰烝，不去正他奸恶。凡文过掩慝，此是恶人常态。若要指摘他是非，反去激他恶性。舜初时致得象要杀己，亦是要象好的心太急，此就是舜之过处。经过来，乃知功夫只在自己，不去责人，所以致得克谐，此是舜动心忍性，增益不能处。古人言语，俱是自家经历过来，所以说得亲切。遗之后世，曲当[②]人情。若非自家经过，如何得他许多苦心处？”

四十七

先生曰：“古乐不作久矣，今之戏子，尚与古乐意思相近。”

未达，请问。

① 烝烝乂（yì），不格奸：语出《尚书·尧典》。四岳言舜“瞽子，父顽，母嚚，象傲，克谐以孝。蒸蒸乂，不格奸”。

② 曲当：委曲得当。

先生曰："《韶》之九成[①]，便是舜的一本戏子；《武》[②]之九变，便是武王的一本戏子。圣人一生实事，俱播在乐中，所以有德者闻之，便知他尽善尽美与尽美未尽善处[③]。若后世作乐，只是做些词调，于民俗风化绝无关涉，何以化民善俗？今要民俗反朴还淳，取今之戏子，将妖淫词调俱去了，只取忠臣孝子故事，使愚俗百姓人人易晓，无意中感激他良知起来，却于风化有益。然后古乐渐次可复矣。"

曰："洪要求元声[④]不可得，恐于古乐亦难复。"

先生曰："你说元声在何处求？"

对曰："古人制管候气，恐是求元声之法。"

先生曰："若要去葭灰黍粒中求元声，却如水底捞月，如何可得？元声只在你心上求。"

曰："心如何求？"

先生曰："古人为治，先养得人心和平，然后作乐。比如在此歌诗，你的心气和平，听者自然悦怿兴起，只此便是元声之始。《书》云'诗言志'，志便是乐的本；'歌永言'，歌便是作乐的本；'声依永，律和声'[⑤]，律只要和声，和声便是制律的本。何尝求之于外？"

---

① 《韶》之九成：《韶》，虞舜乐名。成，相当于乐章，奏完一章叫作一成，转入下一章叫作一变。

② 《武》：相传为周武王时的乐曲。

③ 便知他尽善尽美与尽美未尽善处：语出《论语·八佾篇》。

④ 元声：古代律制，以黄钟管发出的音为十二律所依据的基准音，称其为元声。

⑤ "《书》云"五句：语出《尚书·舜典》。

曰："古人制候气法，是意何取？"

先生曰："古人具中和之体以作乐，我的中和原与天地之气相应。候天地之气，协凤凰之音，不过去验我的气果和否。此是成律已后事，非必待此以成律也。今要候灰管，必须定至日。然至日子时，恐又不准，又何处取得准来？"

四十八

先生曰："学问也要点化，但不如自家解化者自一了百当。不然，亦点化许多不得。"

四十九

"孔子气魄极大，凡帝王事业，无不一一理会，也只从那心上来。譬如大树，有多少枝叶，也只是根本上用得培养功夫，故自然能如此，非是从枝叶上用功做得根本也。学者学孔子，不在心上用功，汲汲然去学那气魄，却倒做了。"

五十

"人有过，多于过上用功，就是补甑[①]，其流必归于文过。"

---

① 甑（zèng）：中国古代炊器。底部有许多透蒸汽的孔格，置于鬲或鍑上蒸煮，如同现代的蒸锅。

五十一

“今人于吃饭时，虽然一事在前，其心常役役[1]不宁，只缘此心忙惯了，所以收摄不住。”

五十二

“琴瑟、简编，学者不可无，盖有业以居之，心就不放。”

五十三

先生叹曰：“世间知学的人，只有这些病痛打不破，就不是‘善与人同[2]’。”

崇一曰：“这病痛只是个好高不能忘己尔。”

五十四

问：“良知原是中和的，如何却有过、不及？”

先生曰：“知得过、不及处，就是中和。”

五十五

“‘所恶于上[3]’是良知，‘毋以使下’即是致知。”

---

① 役役：劳苦不休貌。

② 善与人同：语出《孟子·公孙丑上》。朱熹注云：“善与人同，公天下之善而不为私也。己未善，则无所系吝而舍以从人；人有善，则不待勉强而取之于己。”

③ 所恶于上：与下文“毋以使下”，语出《大学》。

先生曰："苏秦、张仪之智，也是圣人之资。后世事业文章，许多豪杰名家，只是学得仪、秦故智[①]。仪、秦学术，善揣摸人情，无一些不中人肯綮[②]，故其说不能穷。仪、秦亦是窥见得良知妙用处，但用之于不善尔。"

五十六

或问"未发""已发"。

先生曰："只缘后儒将'未发'已发分说了，只得劈头说个无'未发''已发'，使人自思得之。若说有个'已发''未发'，听者依旧落在后儒见解。若真见得无'未发''已发'，说个有'未发''已发'原不妨，原有个'未发''已发'在。"

问曰："'未发'未尝不和，'已发'未尝不中。譬如钟声，未扣不可谓无，既扣不可谓有，毕竟有个扣与不扣，何如？"

先生曰："未扣时原是惊天动地，既扣时也只是寂天寞地。"

五十六

问："古人论性，各有异同，何者乃为定论？"

先生曰："性无定体，论亦无定体。有自本体上说者，有自发用上说者，有自源头上说者，有自流弊处说者。总而言之，只是这个性，但所见有浅深尔。若执定一边，便不是了。性之

---

① 故智：曾经用过的计谋。《史记·韩世家》。

② 肯綮（qìng）：筋骨结合处。后比喻要害、最关键的地方。

本体，原是无善无恶的，发用上也原是可以为善，可以为不善的，其流弊也原是一定善一定恶的。譬如眼，有喜时的眼，有怒时的眼，直视就是看的眼，微视就是觑的眼。总而言之，只是这个眼。若见得怒时眼，就说未尝有喜的眼；见得看时眼，就说未尝有觑的眼。皆是执定，就知是错。孟子说性，直从源头上说来，亦是说个大概如此。荀子性恶之说，是从流弊上说来，也未可尽说他不是，只是见得未精耳。众人则失了心之本体。”

问：“孟子从源头上说性，要人用功在源头上明彻。荀子从流弊说性，功夫只在末流上救正，便费力了。”

先生曰：“然。”

五十七

先生曰：“用功到精处，愈着不得言语，说理愈难。若着意在精微上，全体功夫反蔽泥了。”

“杨慈湖[1]不为无见，又着在无声无臭上见了。”

“人一日间，古今世界都经过一番，只是人不见耳。夜气清明时，无视无听，无思无作，淡然平怀，就是羲皇世界。平旦时，神清气朗，雍雍穆穆[2]，就是尧舜世界。日中以前，礼仪交会，气象秩然，就是三代世界。日中以后，神气渐昏，往来杂

---

① 杨慈湖：杨简（1141—1225）。南宋理学家。字敬仲，因筑室德润湖上，号慈湖，世称“慈湖先生”，慈溪（今浙江宁波慈城镇）人。乾道进士。曾任国子博士、温州知府，官至宝谟阁学士。陆九渊弟子。

② 雍雍穆穆：雍雍，形容铃声的谐和。穆穆，仪表美好、容止庄敬貌。

扰，就是春秋战国世界。渐渐昏夜，万物寝息，景象寂廖，就是人消物尽世界。学者信得良知过，不为气所乱，便常做个羲皇已上人。”

五十八

薛尚谦、邹谦之、马子莘、王汝止[①]侍坐，因叹先生自征宁藩[②]已来，天下谤议益众，请各言其故。有言先生功业势位日隆，天下忌之者日重；有言先生之学日明，故为宋儒争是非者亦日博；有言先生自南都以后，同志信从者日众，而四方排阻者日益力。

先生曰：“诸君之言，信皆有之。但吾一段自知处，诸君俱未道及耳。”

诸友请问。

先生曰：“我在南都已前，尚有些子乡愿的意思在。我今信得这良知真是真非，信手行去，更不着些覆藏。我今才做得个狂者的胸次，使天下之人都说我行不掩言也罢。”

尚谦出曰：“信得此过，方是圣人的真血脉。”

---

① 王汝止：王艮（1483—1541），明代思想家、教育家，泰州学派的创立者。初名银，王阳明为其更名，字汝止，号心斋，泰州安丰场（今江苏东台安丰镇）人。出身盐丁，成年才读《大学》《论语》等书。后拜王阳明为师，但又“时时不满师说”。以讲学终生。

② 征宁藩：指正德十四年（1519），王阳明平定宁王朱宸濠在南昌起兵谋反事。

五十九

先生锻炼人处，一言之下，感人最深。

一日，王汝止出游归，先生问曰："游何见？"

对曰："见满街人都是圣人。"

先生曰："你看满街人是圣人，满街人倒看你是圣人在。"

又一日，董萝石[①]出游而归，见先生曰："今日见一异事。"

先生曰："何异？"

对曰："见满街人都是圣人。"

先生曰："此亦常事耳，何足为异？"

盖汝止圭角[②]未融，萝石恍见有悟，故问同答异，皆反其言而进之。

洪与黄正之、张叔谦[③]、汝中丙戌会试归，为先生道途中讲学，有信有不信。

先生曰："你们拿一个圣人去与人讲学，人见圣人来，都怕走了，如何讲得行？须做得个愚夫愚妇，方可与人讲学。"

洪又言："今日要见人品高下最易。"

---

① 董萝石：董沄（1458—1534），字复宗，号萝石，晚号从吾道人，浙江海盐人。嘉靖三年（1524），年六十七，游会稽（即绍兴），闻王阳明讲良知之学于山中，乃往听之，因而师事王阳明。

② 圭角：圭玉的棱角。谓锋芒。

③ 张叔谦：张元冲，字叔谦，号浮峰，浙江绍兴人。王阳明弟子。嘉靖十七年（1538）进士。授中书舍人，改吏科给事中。累官至右副都御史巡抚江西。

先生曰："何以见之？"

对曰："先生譬如泰山在前，有不知仰者，须是无目人。"

先生曰："泰山不如平地大，平地有何可见？"

先生一言翦裁[①]，剖破终年为外好高之病，在座者莫不悚惧。

六十

癸未春，邹谦之来越问学。居数日，先生送别于浮峰。

是夕与希渊诸友移舟宿延寿寺，秉烛夜坐，先生慨怅不已，曰："江涛烟柳，故人倏在百里外矣。"

一友问曰："先生何念谦之之深也？"

先生曰："曾子所谓'以能问于不能，以多问于寡，有若无，实若虚，犯而不校[②]'，若谦之者，良近之矣。"

六十一

丁亥年九月，先生起复[③]征思、田。将命行时，德洪与汝中论学。汝中举先生教言："无善无恶是心之体，有善有恶是意之动，知善知恶是良知，为善去恶是格物。"

德洪曰："此意如何？"

---

① 翦（jiǎn）裁：剪裁取舍。翦，同"剪"。

② "以能问于不能"五句：语出《论语·泰伯篇》。

③ 起复：古时官员遭父母丧，守制尚未满期而应召任职，称为"起复"。本因军事需要而征召，后亦行于平时。

汝中曰：“此恐未是究竟话头。若说心体是无善无恶，意亦是无善无恶的意，知亦是无善无恶的知，物是无善无恶的物矣。若说意有善恶，毕竟心体还有善恶在。”

德洪曰：“心体是天命之性，原是无善无恶的。但人有习心，意念上见有善恶在。格致诚正修，此正是复那性体功夫。若原无善恶，功夫亦不消说矣。”

是夕，侍坐天泉桥[①]，各举请正。

先生曰：“我今将行，正要你们来讲破此意。二君之见，正好相资为用，不可各执一边。我这里接人，原有此二种。利根之人，直从本源上悟入，人心本体原是明莹无滞的，原是个未发之中。利根之人，一悟本体即是功夫。人己内外，一齐俱透了。其次不免有习心在，本体受蔽，故且教在意念上实落为善去恶。功夫熟后，渣滓去得尽时，本体亦明尽了。汝中之见，是我这里接利根人的；德洪之见，是我这里为其次立法的。二君相取为用，则中人上下，皆可引入于道。若各执一边，眼前便有失人，便于道体各有未尽。”

既而曰：“已后与朋友讲学，切不可失了我的宗旨。无善无恶是心之体，有善有恶是意之动，知善知恶是良知，为善去恶是格物。只依我这话头，随人指点，自没病痛，此原是彻上彻下功

---

① 天泉桥：王阳明家里碧霞池上的一座桥。这天夜里的天泉桥上的讲话十分重要，因此王门弟子将此次谈话称作“天泉证道”，又将“无善无恶是心之体，有善有恶是意之动，知善知恶是良知，为善去恶是格物”四句称作王门“四句教”。

夫。利根之人，世亦难遇。本体功夫，一悟尽透，此颜子、明道所不敢承当，岂可轻易望人？人有习心，不教他在良知上实用为善去恶功夫，只去悬空想个本体。一切事为俱不着实，不过养成一个虚寂。此个病痛，不是小小，不可不早说破。”

是日德洪、汝中俱有省。

六十二

先生初归越时，朋友踪迹尚寥落，既后四方来游者日进。癸未年已后，环先生而居者比屋，如天妃[①]、光相[②]诸刹，每当一室，常合食者数十人，夜无卧处，更相就席，歌声彻昏旦。南镇、禹穴、阳明洞诸山远近寺刹，徙足所到，无非同志游寓所在。先生每临讲座，前后左右环坐而听者，常不下数百人，送往迎来，月无虚日。至有在侍更岁，不能遍记其姓名者。每临别，先生常叹曰：“君等虽别，不出在天地间，苟同此志，吾亦可以忘形似矣。”诸生每听讲出门，未尝不跳跃称快。尝闻之同门先辈曰：“南都以前，朋友从游者虽众，未有如在越之盛者。”此虽讲学日久，孚信渐博。要亦先生之学日进，感召之机，申变无方，亦自有不同也。

---

① 天妃：指天妃宫。

② 光相：指光相寺。

黄以方录

一

黄以方问："'博学于文[1]'为随事学存此天理，然则谓'行有余力，则以学文[2]'，其说似不相合。"先生曰："《诗》《书》、六艺皆是天理之发见，文字都包在其中，考之《诗》《书》、六艺，皆所以学存此天理也，不特发见于事为者方为文耳。'余力学文'，亦只'博学于文'中事。"

或问"学而不思"二句[3]。曰："此亦有为而言。其实思即学也，学有所疑，便须思之。'思而不学'者，盖有此等人，只悬空去思，要想出一个道理，却不在身心上实用其力以学存此天理。思与学作两事做，故有罔与殆之病。其实思只是思其所学，原非两事也。"

二

先生曰："先儒解'格物'为'格天下之物'，天下之物如

---

① 博学于文：语出《论语·雍也篇》。

② 行有余力，则以学文：语出《论语·学而篇》。

③ "学而不思"二句：语出《论语·为政篇》："子曰：'学而不思则罔，思而不学则殆。'"

何格得？且谓‘一草一木亦皆有理’，今如何去格？纵格得草木来，如何反来诚得自家意？我解‘格’作‘正’字义、‘物’作‘事’字义。《大学》之所谓‘身’，即耳、目、口、鼻、四肢是也。欲修身，便是要目‘非礼勿视’，耳‘非礼勿听’，口‘非礼勿言’，四肢‘非礼勿动’。要修这个身，身上如何用得工夫？心者身之主宰。目虽视，而所以视者心也；耳虽听，而所以听者心也；口与四肢虽言、动，而所以言、动者心也。故欲修身在于体当自家心体，常令廓然大公，无有些子不正处。主宰一正，则发窍于目，自无非礼之视；发窍于耳，自无非礼之听；发窍于口与四肢，自无非礼之言、动。此便是修身在正其心。然至善者，心之本体也。心之本体，那有不善？如今要正心，本体上何处用得工？必就心之发动处才可着力也。心之发动不能无不善，故须就此处着力，便是在诚意。如一念发在好善上，便实实落落去好善；一念发在恶恶上，便实实落落去恶恶。意之所发，既无不诚，则其本体如何有不正的？故欲正其心在诚意。工夫到诚意始有着落处。然诚意之本，又在于致知也。所谓‘人虽不知而己所独知[1]’者，此正是吾心良知处。然知得善，却不依这个良知便做去；知得不善，却不依这个良知便不去做，则这个良知便遮蔽了，是不能致知也。吾心良知既不能扩充到底，则善虽知好，不能着实好了；恶虽知恶，不能着实恶了，如何得意诚？故致知者，意诚之本也。然亦不是悬空的致知，致知在实事上格。如意在于为善，便

---

① 人虽不知而己所独知：语出朱熹《大学章句》与《中庸章句》。

就这件事上去为；意在于去恶，便就这件事上去不为。去恶固是格不正以归于正，为善则不善正了，亦是格不正以归于正也。如此，则吾心良知无私欲蔽了，得以致其极，而意之所发，好善去恶，无有不诚矣。诚意工夫，实下手处在格物也。若如此格物，人人便做得。‘人皆可以为尧舜’，正在此也。”

三

先生曰：“众人只说‘格物’要依晦翁[①]，何曾把他的说去用！我着实曾用来。初年与钱友同论做圣贤要格天下之物，如今安得这等大的力量？因指亭前竹子令去格看。钱子早夜去穷格竹子的道理，竭其心思，至于三日，便致劳神成疾。当初说他这是精力不足，某因自去穷格，早夜不得其理，到七日，亦以劳思致疾。遂相与叹圣贤是做不得的，无他大力量去格物了。及在夷中三年，颇见得此意思，乃知天下之物本无可格者。其格物之功，只在身心上做，决然以圣人为人人可到，便自有担当了。这里意思，却要说与诸公知道。”

四

门人有言邵端峰[②]论童子不能格物，只教以洒扫、应对

① 晦翁：朱熹的自称，后来成为别人对他的敬称。

② 邵端峰：邵锐，号端峰，浙江仁和人。正德三年（1508）戊辰科会元、进士，改翰林院庶吉士。正德十五年（1520），任职江西督学佥事，为王阳明在江西时之属官。

之说。

先生曰："洒扫、应对就是一件'物'。童子良知只到此，便教去洒扫、应对，就是致他这一点良知了。又如童子知畏先生长者，此亦是他良知处。故虽嬉戏中，见了先生长者，便去作揖恭敬，是他能格物以致敬师长之良知了。童子自有童子的格物致知。"又曰："我这里言格物，自童子以至圣人，皆是此等工夫。但圣人格物，便更熟得些子，不消费力。如此格物，虽卖柴人亦是做得，虽公卿大夫以至天子，皆是如此做。"

五

或疑知行不合一，以"知之匪艰"二句[①]为问。先生曰："良知自知，原是容易的。只是不能致那良知，便是'知之匪艰，行之惟艰'。"

六

门人问曰："知行如何得合一？且如《中庸》言'博学之'，又说个'笃行之'[②]，分明知行是两件。"

先生曰："博学只是事事学存此天理，笃行只是学之不已之意。"

又问："《易》'学以聚之'，又言'仁以行之'，此是

---

① "知之匪艰"二句：指下文"知之匪艰，行之惟艰"二句。语出《尚书·说命中》。

② 博学之：与下文"笃行之"，语出《中庸》。

如何？”

先生曰：“也是如此。事事去学存此天理，则此心更无放失时，故曰‘学以聚之’。然常常学存此天理，更无私欲间断，此即是此心不息处，故曰‘仁以行之’。”

又问：“孔子言‘知及之，仁不能守之[①]’，知行却是两个了。”

先生曰：“说‘及之’，已是行了；但不能常常行，已为私欲间断，便是‘仁不能守’。”

又问：“心即理之说，程子云‘在物为理[②]’，如何谓心即理？”

先生曰：“‘在物为理’，‘在’字上当添一‘心’字，此心在物则为理。如此心在事父则为孝、在事君则为忠之类。”先生因谓之曰：“诸君要识得我立言宗旨。我如今说个心即理是如何，只为世人分心与理为二，故便有许多病痛。如五伯攘夷狄、尊周室，都是一个私心，便不当理，人却说他做得当理。只心有未纯，往往悦慕其所为，要来外面做得好看，却与心全不相干。分心与理为二，其流至于伯道之伪而不自知。故我说个心即理，要使知心理是一个，便来心上做工夫，不去袭义于外，便是王道之真。此我立言宗旨。”

又问：“圣贤言语许多，如何却要打做一个？”

---

① 知及之，仁不能守之：语出《论语·卫灵公篇》。

② 在物为理：语出《河南程氏粹言》。

曰："我不是要打做一个，如曰'夫道一而已矣[①]'，又曰'其为物不二，则其生物不测[②]'，天地圣人皆是一个，如何二得？"

七

"心不是一块血肉，凡知觉处便是心，如耳目之知视听，手足之知痛痒，此知觉便是心也。"

八

以方问曰："先生之说格物，凡《中庸》之'慎独'及'集义''博约'等说，皆为格物之事？"

先生曰："非也。格物即慎独，即戒惧。至于'集义''博约'，工夫只一般，不是以那数件都做格物底事。"

九

以方问"尊德性"一条。

先生曰："'道问学'即所以'尊德性'也。晦翁言'子静以尊德性诲人，某教人岂不是道问学处多了些子'，是分'尊德性''道问学'作两件。且如今讲习讨论，下许多工夫，无非只是存此心，不失其德性而已，岂有'尊德性'只空空去尊，更不

---

① 夫道一而已矣：语出《孟子·滕文公上》。

② 其为物不二，则其生物不测：这是《中庸》的重要观点："天地之道，可一言而尽也：其为物不二，则其生物不测。"

去问学？问学只是空空去问学，更与德性无关涉？如此，则不知今之所以讲习讨论者，更学何事？”

问“致广大”二句①。

曰：“‘尽精微’即所以‘致广大’也，‘道中庸’即所以‘极高明’也。盖心之本体自是广大底，人不能‘尽精微’，则便为私欲所蔽，有不胜其小者矣。故能细微曲折，无所不尽，则私意不足以蔽之，自无许多障碍遮隔处，如何广大不致？”

又问：“精微还是念虑之精微，是事理之精微？”

曰：“念虑之精微，即事理之精微也。”

十

先生曰：“今之论性者纷纷异同，皆是说性，非见性②也。见性者无异同之可言矣。”

十一

问：“声色、货利，恐良知亦不能无。”

先生曰：“固然。但初学用功，却须扫除荡涤，勿使留积，则适然来遇，始不为累，自然顺而应之。良知只在声色、货利上用工，能致得良知精精明明，毫发无蔽，则声色、货利之交，无非天则流行矣。”

---

① “致广大”二句：指《中庸》“致广大而尽精微，极高明而道中庸”二句。

② 见性：明心见性，佛教禅宗的主要修持方法。

十二

先生曰："吾与诸公讲致知、格物，日日是此，讲一二十年，俱是如此。诸君听吾言，实去用功，见吾讲一番，自觉长进一番；否则，只作一场话说，虽听之亦何用？"

十三

先生曰："人之本体，常常是'寂然不动'的，常常是'感而遂通'的。'未应不是先，已应不是后。'"

十四

一友举"佛家以手指显出，问曰：'众曾见否？'众曰：'见之。'复以手指入袖，问曰：'众还见否？'众曰：'不见。'佛说还未见性。此义未明。"

先生曰："手指有见、有不见，尔之见性常在。人之心神只在有睹有闻上驰骛[1]，不在不睹不闻上着实用功。盖不睹不闻是良知本体，戒慎恐惧是致良知的工夫。学者时时刻刻常睹其所不睹，常闻其所不闻，工夫方有个实落处。久久成熟后，则不须着力，不待防检，而真性自不息矣，岂以在外者之闻见为累哉？"

① 驰骛（wù）：奔走趋赴。此处引申为折腾。

十五

问："先儒谓'鸢飞鱼跃与必有事焉，同一活泼泼地[①]'。"

先生曰："亦是。天地间活泼泼地，无非此理，便是吾良知的流行不息；致良知便是'必有事'的工夫。此理非惟不可离，实亦不得而离也。无往而非道，无往而非工夫。"

十六

先生曰："诸公在此，务要立个必为圣人之心。时时刻刻，须是'一棒一条痕，一掴一掌血'，方能听吾说话句句得力。若茫茫荡荡度日，譬如一块死肉，打也不知得痛痒，恐终不济事，回家只寻得旧时伎俩而已，岂不惜哉？"

十七

问："近来妄念也觉少，亦觉不曾着想定要如何用功，不知此是工夫否？"

先生曰："汝且去着实用工，便多这些着想也不妨，久久自会妥帖；若才下得些功，便说效验，何足为恃！"

十八

一友自叹："私意萌时，分明自心知得，只是不能使他

---

① 鸢飞鱼跃与必有事焉，同一活泼泼地：语出《河南程氏遗书》。

即去。”

先生曰：“你萌时，这一知处，便是你的命根；当下即去消磨，便是立命功夫。”

十九

“夫子说‘性相近’[①]，即孟子说‘性善’[②]，不可专在气质上说。若说气质，如刚与柔对，如何相近得？惟性善则同耳。人生初时，善原是同的，但刚的习于善则为刚善，习于恶则为刚恶；柔的习于善则为柔善，习于恶则为柔恶，便日相远了。”

二十

先生尝与学者曰：“心体上着不得一念留滞，就如眼着不得些子尘沙。些子能得几多？满眼便昏天黑地了。”又曰：“这一念不但是私念，便好的念头亦着不得些子，如眼中放些金玉屑，眼亦开不得了[③]。”

二十一

问：“人心与物同体，如吾身原是血气流通的，所以谓之同体，若于人便异体了，禽兽草木益远矣，而何谓之同体？”

---

① 夫子说“性相近”：语出《论语·阳货篇》。
② 孟子说“性善”：语出《孟子·滕文公上》。
③ 眼中放些金玉屑，眼亦开不得了：典出普济《五灯会元》。

先生曰："你只在感应之几上看，岂但禽兽草木，虽天地也与我同体的，鬼神也与我同体的。"

请问。

先生曰："你看这个天地中间，甚么是天地的心？"

对曰："尝闻人是天地的心[①]。"

曰："人又甚么教做心？"

对曰："只是一个灵明。"

"可知充天塞地中间，只有这个灵明。人只为形体自间隔了。我的灵明，便是天地鬼神的主宰。天没有我的灵明，谁去仰他高？地没有我的灵明，谁去俯他深？鬼神没有我的灵明，谁去辩他吉凶灾祥？天地鬼神万物，离却我的灵明，便没有天地鬼神万物了；我的灵明，离却天地鬼神万物，亦没有我的灵明。如此，便是一气流通的，如何与他间隔得？"

又问："天地鬼神万物，千古见在，何没了我的灵明，便俱无了？"

曰："今看死的人，他这些精灵游散了，他的天地万物尚在何处？"

二十二

先生起行征思、田，德洪与汝中追送严滩[②]。汝中举佛家实

---

① 人是天地的心：语出《礼记·礼运》。

② 严滩：西汉末年，天下大乱，严光隐居在富春山，后人将此处称为严子陵钓台、子陵滩、严滩。

相[1]幻相[2]之说。

先生曰："有心俱是实，无心俱是幻；无心俱是实，有心俱是幻。"

汝中曰："有心俱是实，无心俱是幻，是本体上说功夫；无心俱是实，有心俱是幻，是功夫上说本体。"

先生然其言。

洪于是时尚未了达，数年用功，始信本体、功夫合一。但先生是时因问偶谈："若吾儒指点人处，不必借此立言耳。"

二十三

尝见先生送二三耆宿出门，退坐于中轩，若有忧色。

德洪趋进请问。

先生曰："顷与诸老论及此学，真圆凿方枘。此道坦如大路，世儒往往自加荒塞，终身陷荆棘之场而不悔，吾不知其何说也？"

德洪退谓朋友曰："先生诲人，不择衰朽，仁人悯物之心也。"

---

① 实相：全称"诸法实相"。指事物之真实不虚的、常住不变的本性。语出《妙法莲华经》。

② 幻相：佛教概念。指虚幻不真的、没有实体的相状。语出《大般涅槃经》："一切诸法，皆如幻相。"

二十四

先生曰："人生大病，只是一'傲'字。为子而傲必不孝，为臣而傲必不忠，为父而傲必不慈，为友而傲必不信。故象与丹朱俱不肖，亦只一'傲'字，便结果了此生。诸君常要体此。人心本是天然之理，精精明明，无纤介染着，只是一无我而已，胸中切不可有，有即傲也。古先圣人许多好处，也只是无我而已，无我自能谦。谦者众善之基，傲者众恶之魁。"

二十五

又曰："此道至简至易的，亦至精至微的。孔子曰：'其如示诸掌乎？'且人于掌何日不见，及至问他掌中多少文理，却便不知。即如我'良知'二字，一讲便明，谁不知得？若欲的见良知，却谁能见得？"

问曰："此知恐是无方体①的，最难捉摸。"

先生曰："良知即是《易》其'为道也屡迁，变动不居，周流六虚，上下无常，刚柔相易，不可为典要，惟变所适②'。此知如何捉摸得？见得透时便是圣人。"

---

① 方体：方，方位。体，形体。语出《周易·系辞上》。

② "为道也屡迁"七句：语出《周易·系辞下》："《易》之为书也不可远，为道也屡迁，变动不居，周流六虚，上下无常，刚柔相易，不可为典要，唯变所适。"

二十六

问："孔子曰：'回也非助我者也[①]。'是圣人果以相助望门弟子否？"

先生曰："亦是实话。此道本无穷尽，问难愈多，则精微愈显。圣人之言本自周遍，但有问难的人胸中窒碍，圣人被他一难，发挥得愈加精神。若颜子闻一知十，胸中了然，如何得问难？故圣人亦寂然不动，无所发挥，故曰非助。"

二十七

邹谦之尝语德洪曰："舒国裳曾持一张纸，请先生写'拱把之桐梓[②]'一章。先生悬笔为书，到'至于身而不知所以养之者'，顾而笑曰：'国裳读书中过状元来，岂诚不知身之所以当养？还须诵此以求警？'一时在侍诸友皆惕然。"

---

① 回也非助我者也：语出《论语·先进篇》。

② 拱把之桐梓（zǐ）：语出《孟子·告子上》："孟子曰：'拱把之桐梓，人苟欲生之，皆知所以养之者。至于身，而不知所以养之者，岂爱身不若桐梓哉？弗思甚也。'"

钱德洪跋

嘉靖戊子[①]冬，德洪与王汝中奔师丧至广信[②]，讣告同门，约三年收录遗言。继后同门各以所记见遗。洪择其切于问正者，合所私录，得若干条。居吴时，将与《文录》并刻矣，适以忧去未遂。当是时也，四方讲学日众，师门宗旨既明，若无事于赘刻者，故不复营念。去年，同门曾子才汉[③]得洪手抄，复旁为采辑，名曰《遗言》，以刻行于荆。洪读之，觉当时采录未精，乃为删其重复，削去芜蔓，存其三之一，名曰《传习续录》，复刻于宁国之水西精舍。今年夏，洪来游蕲[④]，沈君思畏[⑤]曰："师门之教久行于四方，而独未及于蕲。蕲之士得读《遗言》，若亲炙夫子之教；指见良知，若重睹日月之光。惟恐传习之不博，而未以重复之为繁也。请裒[⑥]其所逸者[⑦]增刻之，若何？"洪曰："然。师门致知格物之旨，开示来学，学者躬修默悟，不敢以知解承，而惟以实体得，故吾师终日言是

---

① 嘉靖戊子：嘉靖七年（1528），此年冬天，王阳明病死于归乡的途中。

② 广信：广信府。建于明代，清代因之。治所在今上饶市。

③ 曾子才汉：曾才汉，字明卿，号双溪。江西泰和人。嘉靖三十四年（1555），又将黄直、钱德洪所纂阳明语录略加校订，题名为《阳明先生遗言录》，刊行于荆，即跋中所说《遗言》。

④ 蕲（qí）：古地名。辖境在今湖北蕲春一带。

⑤ 沈君思畏：沈宠，字思畏，号古林，安徽宣城人。欧阳德与王畿的弟子，与谷钟秀共创蕲州崇正书院。

⑥ 裒（póu）：聚集。

⑦ 所逸者：此所谓"所逸者"、下文所谓"逸稿"，是指没有收入《传习录》或《阳明先生文录》的语录。

而不惮其烦，学者终日听是而不厌其数。盖指示专一，则体悟日精，几迎于言前，神发于言外，感遇之诚也。今吾师之没未及三纪，而格言微旨渐觉沦晦，岂非吾党身践之不力、多言有以病之耶？学者之趋不一，师门之教不宣也。”乃复取逸稿，采其语之不背者，得一卷。其余影响不真，与《文录》既载者，皆削之。并易中卷为问答语，以付黄梅尹张君增刻之。庶几读者不以知解承，而惟以实体得，则无疑于是录矣。

嘉靖丙辰[1]夏四月，门人钱德洪拜书于蕲之崇正书院。

① 嘉靖丙辰：嘉靖三十五年（1556）。